AF222422

Michael Schmitt

Der LKW - TERROR

Insiderbericht über
     den Transportwahnsinn
          auf öffentlichen Strassen

IMPRESSUM

© Michael Schmitt 2007
        2. Auflage erschienen 2010

Herstellung und Verlag:

Books on Demand GmbH Norderstedt
ISBN: 9783833493157

Cover: Michael Schmitt

INHALT

5

VORWORT

Liebe Trucker, liebe Disponenten, liebe Transportunternehmer und PKW Fahrer! Es kann durchaus sein, dass sich in meinem Buch manche Leute angesprochen fühlen. Das habe ich ja gerade beabsichtigt. Ich möchte aber auf keinen Fall irgendwelche Menschen beleidigen oder was Falsches sagen. Was ich über die Trucker oder andere Leute schreibe, muss natürlich nicht auf jeden zutreffen. Es kann aber in vielen Fällen zutreffen. Ich selbst habe über 20 Jahre lang im LKW gesessen, muss jedoch sagen, dass ich immer wieder für mehrere Monate Pause gemacht habe um den ganzen Stress zu vergessen. Was hier in diesem Buch zu lesen ist, stammt also nicht aus der Phantasie eines Träumers, sondern von jemandem der weiß, was in diesem Gewerbe los ist.

Mir geht es nicht darum das gesamte Transportgewerbe kaputt zu reden, sonder durch zum Teil sehr provozierende Aussagen die Leute ein bisschen wach zu rütteln. Die Trucker, die Unternehmer aber auch die Industrie, welche ihre Güter zu Spottpreisen transportieren lässt, ist alle für die miserable Situation des Transportgewerbes und für die allgegenwärtige Raserei auf den öffentlichen Strassen ein Stück weit selbst mitverantwortlich.

Der Beruf des Fernfahrers ist eigentlich eine schöne Tätigkeit. Man fühlt sich unabhängig und frei, kommt ein wenig in der Welt herum und kann hier und da neue Freundschaften schließen. Würden die Auftraggeber für die Ausführung eines Transportes noch angemessene Frachtpreise bezahlen, die all die hohen Kosten wie zum Beispiel die LKW Maut ausreichend berücksichtigen würden, so könnten wir alle ein bisschen aufatmen, und müssten die ganze Sache nicht so furchtbar verbissen sehen.

Das Thema Transportwahnsinn ist jedoch viel komplexer als man vermuten würde. Die kriminelle Raserei und halsbrecherischen Überholmanöver vieler LKW Fahrer haben viele Ursachen. Drängeln, dichtes Auffahren und anderer Nötigungen ist der traurige Alltag auf unseren Autobahnen. Gerechterweise muss gesagt werden, dass sich nicht nur die LKW Fahrer wie Schweine auf den Strassen benehmen, sondern leider auch viele PKW Fahrer. Ist man mit einem leichten Kleinwagen als PKW Fahrer auf den deutschen Strassen unterwegs, so muss man in vielen Situationen um sein eigenes Leben fürchten. Tausende von Toten und Verletzten im Straßenverkehr gehören anscheinend zur Normalität.

Ein voll beladener Sattelzug hat eine Masse von 40 Tonnen, das sind 40.000 Kilogramm. Wer mit solch einem gefährlichen Geschoss kleinere und leichtere Fahrzeuge gefährlich bedrängt, macht sich für meine Begriffe nicht nur der schweren Nötigung schuldig, sondern es handelt sich hier schon um Androhung einer gefährlichen Körperverletzung bis hin zur Androhung von Tötung anderer Verkehrsteilnehmer.

Disponenten oder Chefs, die ihre Fahrer mit Sprüchen wie „geb Gas" versuchen anzustacheln, machen sich des gleichen Delikts schuldig, und müssen auch aus dem Verkehr gezogen werden.

Die soziale Herkunft der Trucker

Der LKW Fahrer oder auch Trucker kommt aus fast allen gesellschaftlichen Schichten. Der Fahrer ist rechtlich gesehen ein ganz normaler Arbeiter. Er wird in der Landesversicherungsanstalt als Arbeiter geführt.

Der größte Teil der Fahrer kommt jedoch aus einfachen Arbeiterfamilien. Es gibt aber auch Menschen, die zuerst als Angestellte jahrelang gearbeitet haben, dann durch private oder auch finanzielle Gründe zum Beruf des Fernfahrers gekommen sind. Mir ist ein Fall aus der Schweiz bekannt, wo ein Chirurg, der gleichzeitig noch Professor war, alles aufgegeben hat, um nun mit dem Truck durch Europa zu fahren. Ich habe im Laufe der Jahre eine Menge Leute getroffen, die zum Teil ordentliche Berufe gelernt hatten, aber trotzdem im LKW sitzen müssen.

Arbeitslosigkeit macht erfinderisch. Bevor jemand zum Langzeitarbeitslosen verdammt wird, ist die Tätigkeit als Trucker mit Sicherheit die bessere Alternative. Der überwiegende Teil der deutschen LKW Fahrer kommt aber aus dem unteren sozialen Schichten der Gesellschaft.

Für viele Fahrer bedeutet das Fahren eines 40-To-Trucks ein Stück Freiheit, die man in einem normalen Job als gewöhnlicher Arbeiter nicht hat. Man sieht ferne Städte und Länder. Man kommt beruflich unter Umständen nach Spanien, Italien oder Portugal, wo die normalsterbliche Bevölkerung nur durch einen hart verdienten Urlaub hinkommt.

Das durchschnittliche Bruttogehalt eines Fahrers ist eher bescheiden. Nur durch die noch zurzeit zusätzlich steuerfrei ausgezahlten Spesen wirkt der Beruf auf den ersten Blick attraktiv. Viele Fahrer protzen oftmals mit ihrem monatlichen Einkommen. Sie vergessen jedoch, dass die Spesen, deren Höhe abhängig ist vom momentanen Arbeitsort des Fahrers, meist vollständig unterwegs aufgebraucht werden. Befindet sich der Fernfahrer in der Schweiz oder Frankreich zum Beispiel, so sind die Tagesspesen höher, als wenn er sich in Deutschland aufhält.

Die Höhe der einzelnen Landesspesen fällt recht unterschiedlich aus. Sie richtet sich nach dem allgemeine Lebensstandart des jeweiligen Landes. Auch werden Aspekte wie Kriminalität und Sicherheit für die Trucker berücksichtigt. So fallen die Tagesspesen für die russische Stadt Moskau sehr hoch aus, weil sich die Fahrer mit ihrem Truck während der Nacht nur auf kostenpflichtigen Parkplätzen aufhalten können, die von Security Leuten bewacht werden. Kaum ein Transportunternehmen kann heute den Fahrern den vollen Spesensatz mehr bezahlen.

Will der Fahrer unterwegs in einer Raststätte an der Autobahn etwas essen, weil der Kühlschrank im Truck mal wieder leer ist, so sind die Tagesspesen schnell aufgebraucht. Das Leben unterwegs ist teuer. Die meisten deutschen LKW Fahrer haben vor ihrer Tätigkeit als Trucker recht wenig von der Welt gesehen. Meist kennen sie die schönen Strände von Spanien oder Italien nur aus Katalogen oder vom Fernsehen. Manch einer wäre in seinem Leben nie nach München oder Hamburg gekommen, hätte ihn der Chef nicht mit dem Truck dorthin geschickt. Ich kenne Fernfahrer, die schon über 25 Jahre im Truck sitzen, und es noch nicht geschafft haben, ihren Frauen und Kindern auch nur einen kleinen Urlaub in Spanien zu bieten!

Zurück zur sozialen Herkunft des Truckers. Der Fernfahrer ist meist ein einfacher Mensch aus einfachen Verhältnissen. Er hatte von der großen weiten Welt noch nicht viel gesehen, bevor ihm sein Chef den großen 40-Tonnen LKW in dieHand gab. Des Öfteren ist in Stellenanzeigen zu lesen, dass vom Fahrer erwartet wird, dass er der deutschen Sprache in Schrift und Wort mächtig sein sollte. Des Weiteren sollte er in der Lage sein, eine Straßenkarte lesen zu können. Auch sollte er ein Handy bedienen können, was heißt, eine SMS zu öffnen, wo er eine Adresse in schriftlicher Form findet, die ihm sagt, wo er mit dem LKW hinfahren muss um eine Ladung abzuholen. In der Tat ist es wirklich leider so, dass man hinter dem Lenkrad eines 40-Tonnen-Trucks unglaubliche Intelligenzbestien antrifft!

Selbstverständlich muss der Trucker auch einen entsprechenden Führerschein besitzen. Mittlerweile ist der Erweb des LKW Führerscheines recht teuer geworden. Der kostet heutzutage schon ein paar Tausend Euro!

Einige Speditionsfirmen haben die Lastwagen mit so genannten Satelliten gestützten Ortungssystemen ausgestattet. Die gesamte Kommunikation zwischen Fahrern und heimischen Disponenten (das sind Menschen, die im Büro sitzen, und die LKWs für die einzelnen Aufgaben einteilen) läuft quasi über Satellit ab. Ladeadressen und andere Informationen kann der Fahrer auf dem im LKW installierten Monitor ablesen. Auch kann zu jeder Zeit die gegenwärtige Position des LKW am heimischen Computer in der Firma eingesehen werden, es sei denn, der Fahrer legt ein Stück Alufolie über die Antenne!

Ist der LKW endlich beladen und sind die erforderlichen Frachtpapiere dem Fahrer ausgehändigt worden, beginnt die eigentliche Aufgabe des Truckers: er muss nun den Lastwagen auf dem kürzesten und schnellsten Weg über die Autobahnen von A nach B bringen. Das Hauptinstrument für dieses Vorhaben ist das Gaspedal. Dieses wird in den meisten Fällen immer bis zu Anschlag durchgetreten. Das voll durchgetretene Gaspedal nimmt das gesamte

Gehirn des Truckers in Anspruch. Nicht selten sitzen die Fernfahrer mit dem so genannten Tunnelblick im Auto. Das heißt, sie sehen links und rechts von der Autobahn nichts mehr, sie sind ganz konzentriert auf Tempo und Ziel!

Gott sei Dank haben die Gesetzgeber der meisten europäischen Länder diese Situation halbwegs erkannt, und den Einbau von Geschwindigkeitsbegrenzern für die LKWs vorgeschrieben. Anscheinend wird den Truckern so wenig Eigenverantwortung zugestanden, dass man ihnen nicht erlauben will, selbständig den LKW mit angepasster Geschwindigkeit zu lenken. In der Tat ist es eine traurige Sache, dass die Fahrer oftmals nicht in der Lage sind, einen Truck ohne staatliche Eingriffe selbständig zu steuern. Alle Trucks der neuen Generation sind mit Tempomaten ausgestattet. So muss der

Trucker noch nicht einmal mehr seinen rechten Fuß bewegen. Mit einem kleinen Knopf wird der Lastwagen bis zum Limit von ca. 90 km/h hochgefahren, um dann unerbittlich bis zum Anschlag auf die gesetzlich erlaubte Höchstgeschwindigkeit bewegt zu werden. Würde das Gesetz zum Tempolimit für die Trucks morgen außer Kraft treten, so würden tausende von *wild geworden Rindviechern* auf Deutschlands Autobahnen ein Blutbad anrichten!

Durch die schweren LKW Unfälle der letzten 10 Jahre blieb den Politikern gar nichts anderes übrig, als solch strenge Gesetze bezüglich Geschwindigkeit, Ladungssicherung oder Abstandhalten zu erlassen. Hätten die vielen schlauen Trucker nicht soviel Ladung unterwegs auf den Autobahnen verloren oder hätten sie nicht die vielen Auffahrunfälle verursacht, so wäre niemand auf die Idee gekommen all diese Gesetze zu erfinden, die vorschreiben, dass man heutzutage fast jede Palette oder schwere Packstücke mit Gurten verzurren muss.

Eine traurige Bilanz für die Fernfahrer-gemeinde! Jeder einzelne ist hierfür zumindest ein kleines Stück mitverantwortlich! Man könnte fast glauben, dass es den meisten LKW Fahrern ein wenig an Verständnis, Einsicht und Eigenverantwortung fehlt.

Natürlich gibt es Ausnahmen, natürlich gibt es noch ehrbare und anständige Fahrer, die mit hoher Verantwortlichkeit und Rücksichtsnahme ihren Beruf ausüben. Ich selbst habe vor über 25 Jahren meinen LKW Führerschein erworben und verdiene seither meine Brötchen mit der Fahrerei, obwohl ich immer wieder für ein paar Monate aussteige, wenn ich die Schnauze gestrichen voll habe.

Hört man mal für eine zeitlang mit dem Fahren auf, so sieht man die ganze Situation mit anderen Augen…

Steckt man mittendrin im Stress, so können viele Sachen nicht mehr realistisch genug erkannt werden…

Ich freue mich über jeden anständigen Trucker, der mein Buch gelesen hat, und dem die ganze Problematik bewusst ist…

 ☺ ☺ ☺

. Gescheiterte Existenzen und die Notlösung als LKW Fahrer zu arbeiten

Obwohl es *die meisten LKW Fahrer* nicht wahr haben wollen, ist es jedoch so, dass alle irgendwann einmal durch einen Zufall auf den Bock (den LKW) gekommen sind. Kaum einer hatte sich als Jugendlicher schon entschieden, seinen Lebensunterhalt durch LKW Fahren zu verdienen. Selbstverständlich gibt es einige, die schon lange wussten, dass dies der richtige Beruf ist. Meist sind dies Leute, in deren Familie die Fernfahrerei schon eine lange Tradition hatte. Der Vater hatte in einigen Fällen schon 30 oder 40 Jahre auf dem Bock gesessen. Dies sind aber Ausnahmen!

Fast alle Fahrer, die heute auf den Strassen zu sehen sind, sind in irgendeinem Bereich der Gesellschaft gescheitert und haben nicht gewusst, was sie danach machen wollen. Fahrer gesucht…das klingt verlockend! Führerschein habe ich ja schon, fahren kann ich auch.

Die Spediteure sind schlaue Füchse und kennen die Sorgen und Nöte der Arbeitslosen. Intelligente Menschen, die jedoch vom Speditionsgewerbe noch keine Ahnung haben, sind gern gesehene Anfänger im Führerhaus.

Jemand ist in einem Beruf gescheitert oder durch die weltweite Wirtschaftskrise arbeitslos geworden. Er ist schon etwas in seinem Selbstbewusstsein beschädigt worden. Bietet ihm ein Spediteur einen großen 40-Tonnen Truck als Arbeitsplatz an, so kommt bei dem Arbeitnehmer schon einiges in Bewegung. Er ist stolz, dass überhaupt jemand ihm soviel Vertrauen schenkt, einen wirklich nicht billigen Truck zu fahren. Für gescheiterte Existenzen ist der Truck unterm Arsch sozusagen ein neuer Lebensanfang. Aus der Notlösung wird eine neue Existenz.

Dies haben leider all die vielen Fernfahrerkollegen vergessen. In der „normalen Welt" haben es die meisten Trucker nicht weit geschafft! Der letzte Rettungsanker für die meisten Typen war der LKW. Arbeitszeiten und gesetzliche Vorschriften sind auf einmal nicht mehr so wichtig. Hauptsache ich habe einen Job, und jeden Monat kommt das Geld aufs Konto.

Leider ist diese *Tatsache bittere Realität*. Fast alle Trucker sind aufgrund einer Notlage zur Fernfahrerei gekommen. Das ganze Kapitel mit dem Speditionsgewerbe und den LKW Fahrern hat in der Öffentlichkeit komischerweise einen etwas negativen Anstrich. Niemand weiß eigentlich genau warum das so ist. LKW Fahrer und die Speditionen bedeuten für viele Leute eine undefinierbare Grauzone.

Einige fortschrittliche Länder in Europa haben schon lange diese Problematik erkannt und festgestellt, dass das Transportgewerbe ein ganz wichtiger Faktor innerhalb einer gut funktionierenden Wirtschaft darstellt. Wie in so vielen anderen Bereichen der Gesellschaft auch, haben es die deutschen Politiker bislang leider noch nicht geschafft, dies zu erkennen, und das Transportgewerbe als einen immens wichtigen Wirtschaftsfaktor einzustufen!

Deutsche LKW-Fahrer werden von vielen LKW Fahrern anderer Nachbarländer mitleidig belächelt. Bescheidene Löhne, überhöhte Arbeitszeiten und hohe steuerliche Belastungen für die deutschen Unternehmer lassen bei den anderen europäischen Ländern den Eindruck entstehen, dass Deutschland auf der Stufe eines Entwicklungslandes stehen geblieben ist, was den Bereich des Transportgewerbes anbetrifft!

In Deutschland ist das Transportgewerbe eine Grauzone, in welcher sehr oft noch eine kriminelle Hau-Ruck-Mentalität herrscht: „ … das schafft unser Fahrer schon … falls er von der Polizei kontrolliert wird … der Chef bezahlt die Strafen …“

Der Trucker und seine Familie

Der Trucker und seine Familie ist eines der traurigsten Kapitel der Fernfahrerwelt überhaupt. Nur ganz wenige Trucker schaffen es, aus dem LKW auszusteigen und die geheiratete Frau samt Kindern in regelmäßigen Zeitabständen zu sehen. Wenn jemand internationaler Fernverkehr fährt, dann ist mit Sicherheit nicht immer gewährleistet, dass der Fahrer auch nur am Wochenende nach Hause kommt. Im nationalen Fernverkehr stehen die Chancen eher besser, dass der Arbeiter mit dem Truck regelmäßig am Wochenende zu Hause ist.

Zu unterscheiden gibt es hier zwischen grundsätzlich zwei verschiedenen Arten von Speditionen, bei denen die Trucker beschäftigt sind: Nahverkehr, kleiner Fernverkehr oder richtiger Fernverkehr. Die Nahverkehrs-Kutscher sind jeden Abend zuhause. Der gemäßigte oder kleine Fernverkehr betrifft Speditionen, die von der heimischen Niederlassung aus Ferntouren durchführen, die in der Regel nicht weiter als 200 bis 800 KM umfassen. Eine Rückkehr des Truckers zum Wochenende ist gewährleistet. Hier gibt es jedoch gewaltige Unterschiede innerhalb dieser Art von Kategorie: Manche Fahrer kommen am Freitag regelmäßig um 15 Uhr zurück…anderer Fahrer sind erst Samstagnachmittag zu Hause bei Frau und Kindern. Bei den „richtigen" Fernverkehr-Truckern gelten allerdings etwas andere Regeln. Sie sind so gut wie nie zuhause. Sie fahren von Portugal nach Hamburg, von Spanien nach Russland oder von der Schweiz nach Schweden.

Solche Trucker sind meist ledig und lose. Haben sie trotzdem irgendeine Art von Verhältnis zu einer Frau, sieht die Praxis so aus, dass die Handy-Telefonkosten so hoch sind, dass es keinen Sinn mehr macht auf die Spesen zu spekulieren, die bezahlt werden, wenn der LKW Fahrer über das Wochenende irgendwo mit dem Truck stehen bleiben muss. Die Frauen zuhause sind die Leidtragenden, die auf ihre Männer warten. Auch möchten die Kinder irgendwann wieder ihren Vater sehen. Die Trucker vertelefonieren eine gewaltige Summe an Geld, nur um ihre Frauen zu beruhigen und zu vertrösten. Schatz, mach dich nicht verrückt, nächste Woche komme ich bestimmt nach Hause…wer kennt das nicht!

Ich kenne keine genauen statistische Zahlen, möchte jedoch behaupten, dass bei LKW Fahrer-Familien mit Sicherheit die Scheidungsrate sehr hoch ist. Ich habe im Laufe der Jahre viele Fahrer kennen gelernt, die schon mehrmals verheiratet waren. Es gibt eine Menge Trucker, die soviel Geld an ihre geschiedenen Frauen und Kinder monatlich bezahlen müssen, dass es oftmals finanziell nicht mehr reicht, abends im Autohof oder an der Tankstelle sich ein Bier zu kaufen.

Die meisten Fahrer trinken ihr Bier aus Plastikflaschen vom Aldi oder anderen Supermärkten. Jeden Tag irgendwo an der Autobahn oder im Autohof essen zu gehen, ist bei kaum einem der deutschen Fahrer mehr drin. Seit der Osterweiterung der EU und der Einführung des Euro werden die Lebensbedingungen nicht nur im Transportgewerbe immer schlechter.

Die meisten Fahrer kaufen sich das billigste Brot, den billigsten Käse, die billigsten Dosen und die billigsten Zigaretten in den bekannten Supermärkten. Alles wird im Kühlschrank, der im Führerhaus steht, Platz sparend verstaut.

Hat man nach etlichen Tagen die Schnauze vom billigen und fettreichen Fraß voll, so muss dann doch etwas mehr Geld für eine anständige warme Mahlzeit an der Autobahn ausgegeben werden.

Die Trucker Frau

Die Frau auf dem 40-Tonnen-Truck sieht man relativ selten. Sie tritt meist auf als Deutsche, Schweizerin oder vielleicht Österreicherin. Nicht selten ist sie als Frau eine Selbständige im Transportwesen, das heißt, ihr gehört der Truck selbst oder der Bank.

LKW Fahren ist eine Art Manie, die auch den stärksten Frauen im Laufe der Jahre anzusehen ist.

Ihr macht in erster Linie das Fahren Spaß. Sie denkt nicht an irgendwelche Vorschriften bezüglich Arbeitszeitverordnungen, Ruhezeiten oder Lenkzeiten.

Wenn sie heute in Frankfurt ist und morgen in Barcelona sein will, so tut sie das ohne Skrupel.

Die Frau auf dem Truck ist kein Loser Typ wie all ihre männlichen Kollegen.

Wenn sie merkt, dass das alles keinen Spaß mehr macht, so wird sie schnell wieder etwas anderes finden, womit sie über die Runden kommt.

Arbeitszeiten und die Versklavung des Fahrers

Die Arbeitszeiten der Trucker spotten jeglicher Beschreibung. In jedem industrialisierten europäischen Land gibt es für die Arbeiter und Angestellten die Nachtschichtzuschläge. Der LKW Fahrer bekommt für einen erforderlichen Einsatz in der Nacht folgende Zuschläge: null Cent und null Euro! Es muss allerdings gesagt werden, dass nicht alle Trucker nachts arbeiten. Zum Glück lehnen es doch einige Fahrer ab, ohne extra Geld sich die Nacht um die Ohren zu schlagen.

Gott sei Dank haben die Politiker mittlerweile sehr strenge Gesetze beschlossen, die die Arbeitszeiten der LKW Fahrer regeln sollen. Zu unterscheiden gilt es folgende drei Begriffe: Die Schicht- oder Arbeitszeit

Diese Zeit beginnt bei Arbeitsanfang (z.B.: 6 Uhr morgens) und endet zum Feierabend (z.B.: 19 Uhr abends). In dieser Schicht- oder auch Arbeitszeit sind sämtliche verschiedenen Tätigkeiten des LKW Fahrers mit einbegriffen. Das kann zum einen das reine Fahren auf einer Strasse sein oder auch das dabei Sein, während der Staplerfahrer einer Firma den Lastwagen mit den Gütern belädt.

Muss der Fahrer nach spätestens 4 Stunden und 30 Minuten, die er mit dem Fahren seines Trucks auf der Autobahn verbracht hat, eine gesetzlich vorgeschriebene Mindestpause von 45 Minuten machen um dann erneut weiter fahren zu können, so zählt diese Pause auch zu der täglichen Schicht- oder Arbeitszeit dazu.

Muss der Fahrer beim Beladen mithelfen, indem er zum Beispiel mit einem Hubwagen die vom Staplerfahrer auf den LKW gehobenen Paletten selbst auf der Ladefläche mittels dieses Hubwagens in Position bringt, so spricht man auch hier von der Arbeitszeit. Auch muss in vielen Fällen generell über eine am LKW angebrachte Hebebühne die Ware vom Fahrer selbst abgeladen werden.

Während dieser Arbeitszeit stellen die meisten Fahrer immer bei dem im LKW integrierten digitalen Kontrollgerät, welches alle täglichen Aktivitäten des Fahrers aufzeichnet, den Status **„PAUSE"** ein. Auf Deutsch gesagt: die Fahrer kommen in einer Firma mit dem LKW an, und müssen dann beim stehenden oder geparktem LKW abladen. Der LKW steht, er bewegt sich nicht, also stelle ich mein Kontrollgerät auf **„PAUSE"** !! Ich habe aber in Wirklichkeit gar keine richtige Pause. In Wirklichkeit muss der Trucker arbeiten. Wer soll das nachprüfen? Der LKW steht. Also hat der Fahrer laut Aufzeichnungen auch Pause !! *Nein*, das alles ist **BETRUG** an all den Fahrern.

Die Fahrer werden im grossen Stil von der Industie und natürlich von ihren Speditionsunternehmen betrogen. Die Spediteure sind ja nur kleine Sklaven der grossen Industrie.

Vereinfacht kann die ganze miserable Situation auch so beschrieben werden: Bei den normalen berufstätigen Menschen geht man von 8 oder 9 Stunden Arbeitszeit pro Tag im Normalfall aus. Bei den Fernfahrern ist es genau umgekehrt. Hier spricht man von derzeit noch von der Polizei geduldeten obligatorischen 9 Stunden Ruhepause pro Tag … die restliche Zeit ist die Arbeitszeit.

Ich wiederhole es noch einmal für all diejenigen, die vielleicht glauben, es handele sich um einen Druckfehler: In Deutschland wird bis heute die 9 Stunden Pause pro Tag von den zuständigen Behörden akzeptiert. Der Trucker hat eine durchschnittliche Arbeitszeit von 13 bis 15 Stunden pro Tag. Der Rest von 24 Stunden sollte dann Pause sein.

Mittlerweile ist europaweit eine tägliche

Ruhezeit von mindestens 11 Stunden pro 24 Stunden vorgeschrieben,
die im *Ausnahmefall* an maximal 3 Arbeitstagen pro Woche auf 9 Stunden verkürzt werden darf. Das ist die grösste Frechheit, welche sich die Gesetzgeber in Brüssel erlaubt haben !! Das bedeutet: der Fahrer beginnt am Montag mit seiner Arbeit. Am Freitagabend ist er wieder zuhause. Insgesamt hat er dann pro Woche genau 4 Übernachtungen im LKW. Laut Gesetz darf er dann pro Woche 3 mal die Nachtruhepause von 11 Stunden auf 9 Stunden verkürzen. Das heisst, dass von den gesetzlich vorgeschrieben 11 Stunden Ruhepause in Endeffekt nur noch ein mal pro Woche wirklich die 11 Stunden gemacht werden müssen. Das ist schlicht und einfach ein Witz.

Im Klartext heißt das:
LKW Fahrer arbeiten durchschnittlich zwischen 13 und 15 Stunden täglich! Dafür bekommen sie meist weniger Lohn als ein Arbeiter, der nach 8 oder 9 Stunden Arbeitstätigkeit wieder nach Hause geht. Diese ganze menschenunwürdige Schweinerei wird durch die zusätzliche Bezahlung von steuerfreien Spesen natürlich etwas abgeschwächt.

350-450 Euro Spesen pro Monat, die man netto zusätzlich in der Tasche hat, sind für eine durchschnittliche Arbeitszeit von täglich bis zu

15 Stunden oder mehr, trotzdem noch zu wenig! Menschen aus unteren sozialen Schichten kann man einfach und problemlos ausbeuten, denn sie können sich nicht wehren. Auch sind die meisten Trucker nicht gewerkschaftlich organisiert, weil sie allesamt irgendwo gescheiterte Existenzen sind und darüber hinaus froh sind, überhaupt ein paar Mark in der Tasche zu haben. Es ist ein beschämendes Kapitel in einer so genannten hoch entwickelten Industriegesellschaft wie Deutschland, die von sich selbst glaubt, zu den reichsten Nationen der Welt zu gehören!

Der Trucker ist ein leicht ausbeutbares Objekt, das pro Tag zwei, drei oder vier Stunden seine Arbeitskraft umsonst zum Nulltarif zur Verfügung stellt! Ich bin ein starker Typ, denkt er vielleicht von sich selbst. Nein, die Wirklichkeit sieht ganz anders aus. In den Augen der meisten anderen Leute sieht er aus wie ein armer Verlierer, der sein Leben an die großen und reichen Industriekapitäne verschenkt, die ihre produzierten Güter oder Rohstoffe für Spottpreise transportieren lassen.

Die reine Lenkzeit
Die so genannte Lenkzeit, die eigentliche Tätigkeit des Fahrers – nämlich das Fahren – nimmt heute immer weniger Zeit in Anspruch. Die Trucks sind im Laufe der Zeit immer

schneller geworden. Die PS erhöhen sich ständig.
Oft sieht man schon die 500 an der Tür von außen
in glänzenden Buchstaben geschrieben. Die PS-
Zahlen der meisten Trucks von heute bewegen
sich zwischen 380 und 500. Die Wartezeiten bis
zur Beladung oder Entladung des LKW in den
einzelnen Firmen werden im Gegensatz dazu immer
länger.

Der Truck wird zum billigen Dispositionsobjekt für
den Warenversender wie auch für den
Warenempfänger. Wartezeiten werden in der
Regel nicht vergütet. Jeder Spediteur ist froh,
wenn er überhaupt eine akzeptable Ladung
bekommt, womit er etwas Geld verdienen kann.
Muss ein Fahrer 2 Stunden warten, bis sein Truck
überhaupt erst einmal zur Beladung herbei
gewunken wird, so sind zwar die 2 Stunden auf
der Tachoscheibe als Pause geschrieben, in
Wirklichkeit handelt es sich aber als
Bereitschaftszeit. In jedem anderen Beruf wird
Bereitschaft als Arbeitszeit gewertet und
selbstverständlich auch bezahlt. Der Trucker
macht das alles kostenlos!

Die reine Lenkzeit ist die Zeit, während der
Truck rollt, und vom Fahrer gelenkt wird. Die
Lenkzeit darf täglich maximal 9 Stunden
betragen. Nach zusammenhängenden 4 Std. und
30 Minuten Lenkzeit muss eine Mindestpause

von 45 Minuten eingefügt werden. An 2 Tagen pro Woche darf die tägliche Lenkzeit auf maximal 10 Stunden ausgedehnt werden.

Da viele Trucker auch noch Samstag und Sonntag fahren (in manchen Ländern existiert kein Sonntagfahrverbot für LKW, oder der Fahrer hat einen Kühler mit verderblicher Ware, aufgrund dessen auch immer gefahren werden darf) ist die Gesamtlenkzeit von 2 aufeinander folgenden Wochen auf 90 Std. begrenzt.

Würde man nur vor der reinen Lenkzeit bei der beruflichen Tätigkeit des Fahrers ausgehen, so würde man annähernd an die sonst allgemein üblichen Arbeitszeiten in anderen Berufen herankommen. Wie schon gesagt, bleibt es nicht bei den reinen Lenkzeiten.

Viele andere Tätigkeiten, wie z.B. auf die Ladung warten, im Stau stehen, im internationalen Fernverkehr die Zollformalitäten erledigen, bei der Be- oder Entladung mithelfen oder diese sogar selbst ausführen, nach Beladung die Ladung mit Gurten sichern oder das Warten auf die Ausstellung und Aushändigung der erforderlichen Frachtpapiere zählen auch noch zu der allgemeinen Arbeitszeit dazu. All diese Tätigkeiten werden von niemandem vergütet. Der Trucker stellt hierfür seine Arbeitskraft kostenlos zur Verfügung !!

Die Ruhezeiten oder die so genannten PAUSEN

Diese Zeitspanne ist diejenige Zeit, während der Truck stillsteht. Innerhalb von 24 Std. muss der Fahrer eine zusammenhängende Pause von mindestens 11 Std. vorweisen können. Eine bodenlose Frechheit ist die gesetzlich verankerte Ausnahmeregel. Diese besagt, dass die 11 Stunden Pause oder auch Ruhezeit genannt, an 3 Tagen pro Woche auf 9 Std. verkürzt werden darf. Eine Menge Wenn und Aber Regelungen machen die Vorschriften zur Einhaltung der Ruhepausen zu einer Lachnummer. Die gegenwärtige Praxis von 9 Std. Ruhepause täglich wird leider noch von vielen Chefs als ausreichend eingestuft. Macht ein Fahrer mal die gesetzlich vorgeschriebenen 11 Std. Pause, so wird er meist als arbeitsscheu oder Faulenzer betrachtet.

Im Sektor Transportgewerbe herrschen mittelalterliche Arbeitsbedingungen. Leider interessiert sich hierfür fast niemand. Vieles kommt gar nicht an die Öffentlichkeit.

Die ganze Schweinerei kann ich nochmals zum allgemeinen Verständnis etwas verdeutlichen:

Im Normalfall fängt der Trucker am Montag an zu arbeiten und am Freitagabend hat er Feierabend.

Ist der Fahrer im Fernverkehr unterwegs, so hat er insgesamt 4 Übernachtungen im LKW pro Woche. Wenn also pro Woche laut der gegenwärtigen Gesetzeslage an 3 Tagen die Ruhepause auf 9 Stunden verkürzt werden darf, so bleiben ihm definitiv nur einmal pro Woche tatsächlich die 11 Stunden Pause. Das ist doch wohl der grösste Witz aller Zeiten !!

Der Trucker wird ausgebeutet bis auf die Knochen. Seine heimliche Rache, bzw. seine verzweifelte Reaktion ist das unverantwortliche und gefährliche Benehmen auf den öffentlichen Strassen. Er setzt seinen großen Truck als Kampfmittel gegen die kleinen PKWs im Straßenverkehr ein. Hier beweist er seine Macht, dass ihn niemand überholen kann, wenn er auf der linken Spur einen anderen LKW überholt. Hier zwingt er die anderen Verkehrsteilnehmer auf die Bremse zu steigen, wenn er auf die Überholspur wechselt. Selbst ein großer BMW oder Daimler muss bremsen, denn sie haben gegen 40 Tonnen keine Chance. Ein primitiver Wild West Film in einer doch so hoch entwickelten Gesellschaft wie Deutschland …

Wer es ganz genau wissen will, kann das alles im Originaltext vom Bundesamt für Güterverkehr in dessen Webseite für die Allgemeinheit detailliert nachlesen.

Die Pause am Wochenende

Natürlich muss der gestresste Fahrer am Wochenende eine gesetzlich vorgeschriebene PAUSE einlegen. Generell muss am Ende der Woche der LKW gigantische 45 Stunden stehen. Das sind sage und schreibe fast 2 Tage. Warum haben die Gesetzgeber denn nicht gleich 48 Stunden vorgeschrieben, also ganze 2 Tage? Nein, das wäre ja schon viel zu viel. Und jetzt kommt das Beste: diese obligatorischen 45 Stunden wöchentliche Ruhepause kann am Heimatort der Spedition bzw. am Wohnort des Fahrers auf 36 Stunden verkürzt werden. Befindet sich der Fahrer unterwegs irgendwo in Deutschland oder im Ausland, so kann die Pause sogar auf 24 Stunden verkürzt werden.

Am darauffolgenden Wochenende muss dann die fehlende Ruhepause zu den obligatorischen 45 Stunden dazu gezählt werden, um den Ausgleich wiederherzustellen.

Zu den Lenkzeiten ist noch folgendes zu sagen: pro Woche darf maximal 56 Std. gelenkt werden, innerhalb von 2 Wochen jedoch nur maximal 90 Stunden. Die meisten Trucks haben mittlerweile schon das digitale Kontrollgerät an Bord. Hier kann man bequem die Lenkzeiten für die aktuelle „Doppelwoche" ablesen, welche 90 Std. nicht überschreiten darf.

Gesetzliche Vorschriften und die Polizeikontrollen

Eine Menge gesetzlicher Vorschriften über alle möglichen Bereiche der Trucker Tätigkeit sind vorhanden.

Wenn jemand jetzt keine Lust auf trockene und zum Teil abartige und weltfremde Gesetzestexte oder andere Reglementierungen hat, so würde ich empfehlen, dieses Kapitel zu überspringen. Ich möchte dennoch all die Vorschriften wenigstens zum Teil hier veröffentlichen, um zu zeigen, mit welch schwieriger Problematik sich all die Trucker herumschlagen müssen

.

Die Sache ist doch eigentlich ganz einfach:

wenn ich müde bin, gehe ich schlafen. Wenn ich wieder fit bin, kann ich wieder fahren …

Interessante Gesetzestexte werden wie folgt veröffentlicht:

Als Lenkzeit gelten solche Zeiten, die tatsächlich mit Fahrertätigkeit zugebracht werden. Zur Lenkzeit gehört auch das vorübergehende Stehen des Fahrzeugs, wenn dies nach allgemeiner Anschauung zum Fahrvorgang gehört. So ist die Zeit für einen verkehrsbedingten Aufenthalt an Ampeln, an Bahnschranken, an Kreuzungen, in Staus oder an der Grenze der Lenkzeit zuzurechnen. Hingegen gehören Fahrpausen, auch von weniger als 15 Minuten, dann nicht zur Lenkzeit, wenn sie aus anderen als den vorgenannten Gründen stattfinden und der Fahrer dabei seinen Platz am Lenkrad verlassen kann.

Lenkzeitunterbrechungen müssen innerhalb der vorgesehenen 4,5 Stunden Lenkzeit oder unmittelbar danach erfolgen. Während einer Lenkzeitunterbrechung darf der Fahrer keine anderen Arbeiten (z.B. Be- oder Entladetätigkeiten, Wartungs- und Instandsetzungsarbeiten) ausführen. Dagegen zählen Wartezeiten als Lenkzeitunterbrechung, sofern sie nach allgemeiner Verkehrsanschauung nicht dem Fahrvorgang zuzurechnen sind. Hierzu können beispielsweise Wartezeiten bei der Grenzabfertigung oder beim Be- oder Entladen des Fahrzeugs gerechnet werden. Das gleiche gilt für die Zeiten auf dem Beifahrersitz oder in der Schlafkabine im fahrenden Fahrzeug sowie auf Fähr- und Eisenbahnfahrten.
Nach jeder Unterbrechung von insgesamt 45 Minuten (zusammenhängend oder in Teilen) beginnt ein neuer, für die Unterbrechung

relevanter Lenkzeitabschnitt von 4,5 Stunden. Dies bedeutet, dass auch nach einer beispielsweise nur 2-stündigen Lenkzeit mit anschließender 45-minütiger Unterbrechung ein neuer Lenkzeitabschnitt von 4,5 Stunden beginnt. Lenkzeitunterbrechungen dürfen jedoch nicht der täglichen Ruhezeit zugerechnet werden.

Ruhezeit ist jeder ununterbrochene Zeitraum von mindestens einer Stunde, in der der Fahrer frei über seine Zeit verfügen kann. Keine Ruhezeiten sind Zeiten der Arbeit oder Arbeitsbereitschaft sowie die im fahrenden Fahrzeug verbrachten Kabinenzeiten. Die tägliche Ruhezeit kann jedoch im Fahrzeug verbracht werden, sofern es mit einer Schlafkabine ausgestattet ist und nicht fährt.

Der Fahrer muss innerhalb jedes 24-Stunden-Zeitraumes eine tägliche Ruhezeit einlegen. Der 24-Stunden-Zeitraum braucht nicht mit dem Kalendertag identisch sein. Beginnt der Fahrer die Fahrt am Sonntag um 22.00 Uhr, so muss er spätestens am Montag um 22.00 Uhr seine tägliche Ruhezeit eingelegt haben.

Es gibt zwei Arten von Polizeikontrollen für die LKW Fahrer. Zum einen sind das die ganz normalen Kontrollen mit den dazugehörigen Bußgeldkatalogen, welche für PKW Fahrer als auch für die LKW Fahrer gelten. Diese allgemeinen Verkehrskontrollen unterscheiden sich von den ganz speziellen Kontrollen, welche vom Bundesamt für Güterverkehr, ansässig in Köln, durchgeführt werden.

In Truckerkreisen „die BAG" genannt, beansprucht meist allgemein bekannte Parkplätze entlang den Autobahnen, wo sie mit mehreren Bussen und viel Personal präsent ist. LKWs werden von der Autobahn „herausgezogen" um dann überprüft zu werden.

In den so genannten Personalvorschriften werden hauptsächlich die Arbeitszeiten der Trucker geregelt. Im Originaltext der Behörde steht folgendes:
Neben der Polizei ist unter anderem (ggfl. auch die Arbeitsschutzbehörden) das Bundesamt für Güterverkehr für die Überwachung der Einhaltung der Fahrpersonalvorschriften zuständig, soweit diese im Rahmen von Straßenkontrollen durchgeführt werden. Für das Bundesamt ergibt sich die Aufgabe aus § 11 Absatz 2 Nr. 3 Buchstabe a) Güterkraftverkehrsgesetz (GüKG). Die Überwachung im Rahmen von Betriebskontrollen obliegt den örtlich zuständigen Länderbehörden

Die Personalverordnungen sind im Einzelnen im Text wie folgt dokumentiert:

Die Verordnung (EWG) Nr. 3820/85 des Rates über die Harmonisierung bestimmter Sozialvorschriften im Straßenverkehr. Sie regelt insbesondere die zulässigen Lenk- und Ruhezeiten sowie das Mindestalter der Fahrer.

Die Verordnung (EWG) Nr. 3821/85 des Rates über das Kontrollgerät im Straßenverkehr. Sie regelt insbesondere die Pflicht zum Einbau eines Kontrollgerätes und die Benutzung des Kontrollgerätes.

Seit April 2007 wurden die beiden oben genannten Verordnungen unter EG Verordnung Nr. 561/2006 neu zusammengefasst

Das Europäische Übereinkommen über die Arbeit des im internationalen Straßenverkehr beschäftigten Fahrpersonals (AETR).

Das AETR trifft im Wesentlichen den EU-Vorschriften entsprechenden Reglungen für grenzüberschreitende Verkehre mit den Vertragsstaaten des AETR (wozu fast alle Europäischen Staaten gehören).

Das Fahrpersonalgesetz (FPersG).

Das FPersG enthält u.a.
Zuständigkeitsreglungen und
Bußgeldvorschriften.
Die Fahrpersonalverordnung (FPersV).
Die FPersV enthält insbesondere die
nationalen Abweichungen von den
europäischen Bestimmungen, so etwa
hinsichtlich des Anwendungsbereichs der
Sozialvorschriften und die Regelung über
Bescheinigungen über arbeitsfreie Tage.

Bußgeld
In der Webseite des Bundesamtes für
Güterverkehr (BAG) kann jeder nachlesen:

Geringfügige Ordnungswidrigkeiten können
bei Kontrollen mit einem Verwarnungsgeld
zwischen 5 und 35 Euro geahndet werden. Die
Verwarnungsgeldsätze im Fahrpersonalrecht
betragen i.d.R. 15 Euro (beispielsweise für eine
Unterschreitung der täglichen Ruhezeit bis zu 30
Minuten, für eine Überschreitung des
vorgeschriebenen Zeitpunktes der
Lenkzeitunterbrechung bis zu 30 Minuten oder
eine fehlende Eintragung auf dem Schaublatt)
oder 30 Euro (beispielsweise bei einer
Verkürzung der Lenkzeitunterbrechung bis zu 15
Minuten, für eine Überschreitung des
vorgeschriebenen Zeitpunktes der
Lenkzeitunterbrechung bis zu 60 Minuten oder

bei einer Überschreitung der Tageslenkzeit von 9 Stunden bis zu 60 Minuten).

Nicht geringfügige Ordnungswidrigkeiten werden mit Geldbuße geahndet. Diese kann für den **Fahrer bis zu 5.000 Euro**, für den **Unternehmer bis zu 15.000 Euro** betragen. Hinzu kommen Gebühren i.H.v. 5 vom Hundert der Geldbuße, mindestens jedoch 20 Euro sowie die Auslagen der Verwaltungsbehörde …

Es reicht !!! Hilfe !!! Sind die Trucker, Disponenten und Chefs alle wirklich so verdreht im Kopf, dass sie nicht wissen, wann man Feierabend machen sollte ?? Muss unser Staat all die strengen Gesetze machen, weil das Transportgewerbe nicht in der Lage ist selbst zu entscheiden, wann der Fahrer müde ist ??   Antwort: leider JA !

Ich kann es nicht oft genug sagen: Das Führen eines 40-Tonnen-Trucks ist eine nicht ungefährliche Sache! Mit dem großen Truck wird dem Fahrer ein Instrument in die Hand gegeben, mit dem man andere Menschen und sich selbst sehr schnell töten kann. Ein kleiner Fahrfehler oder ein paar Kilometer zu schnell kann bedeuten, dass man einen kleinen PKW zusammenquetscht und andere Menschen schwer verletzt oder ums Leben bringt!

Bei schweren Vergehen drohen dem Fahrer nicht nur saftige Geldstrafen sondern auch Gefängnis! Auch der Führerschein kann für längere Zeit entzogen werden.

Wenn Menschen bei einem Verkehrsunfall schwer verletzt werden, oder eine junge Familie plötzlich ohne Papa dasteht, da er gestorben ist, nur weil ein schlauer Trucker ein gefährliches Überholmanöver gemacht hat um eine Minute schneller am Ziel zu sein, so können für den LKW-Fahrer nicht nur Haftstrafe die Folge sein, sondern es können auch noch finanzielle Leistungen für die Hinterbliebenen von Opfern vom Fahrer gefordert werden

Der super Trucker mit dem schicken Scania oder dem neuen Actros, der sich von niemandem überholen lässt, und der immer vor allen anderen Kollegen die Tour am schnellsten schafft, sitzt schneller im Wartezimmer beim Sozialamt um sich das Geld für die Miete zu erbetteln, als er gedacht hätte.

41

Internationaler Fernverkehr und die Schikanen der Zollbehörden

Befindet sich der deutsche Trucker im Ausland, so gelten andere Regeln als in Deutschland. Wer jemals im internationalen Fernverkehr tätig war oder ist, kann bestimmt ein Lied davon singen. Man ist gestresst und kommt irgendwo an einer Landesgrenze mit dem LKW an. Gott sei Dank gibt es mittlerweile die Europäische Union, und die meisten Zollabfertigungen an den Grenzen haben sich erübrigt. Dennoch gibt es immer noch einige Länder, die noch nicht der EU angehören.

Bestes Beispiel ist die Schweiz. An der Grenze befindet sich der Fahrer im Niemandsland. Weder ist er in Deutschland, noch in der Schweiz. Die Schikanen der Zollbehörden stinken zum Himmel! Obwohl der Trucker eigentlich zum wirtschaftlichen Wohl beider Länder beiträgt, indem er direkt am Gewinn bringenden Warenhandel beteiligt ist (als Transporteur im ursprünglichen Sinne), wird er von den Behörden wie der letzte Dreck behandelt. Man kann es wirklich nicht anders ausdrücken. Er wird wie ein böser Eindringling mit seinem großen Truck gesehen, der schlechtes für das betreffende Ausland bringt. Bei ausländischen Zollbehörden ist absoluter Gehorsam angesagt.

Der Fahrer muss sich fügen. Kommt es zu Auseinandersetzungen mit den betreffenden Beamten, so kann das fatale Folgen für den LKW Fahrer haben: er wird nicht abgefertigt, der LKW bleibt stehen. So genannte Ladungskontrollen können sich über Stunden hinziehen. Zollbeamte haben das Recht, alles zu kontrollieren. Sie können veranlassen, dass der ganze LKW abgeladen werden muss!

Vor Jahren, als die deutsch-polnische Grenze noch nicht offen war für den Warenverkehr, wurde ich im Zollhof von polnischen Zöllnern über Stunden festgehalten.

Ein mittelalterliches Gesetz, was die Verteilung der Last auf die einzelnen Achsen des LKW betraf, wurde mir zum Verhängnis. Ich sollte Geld bezahlen. Ich war ziemlich sauer, und sagte zu den Behörden, dass ich wieder zurück nach Deutschland fahren wolle, weil ich darauf spekulierte, einen anderen Grenzübergang in der Nähe zu nehmen. Die Umkehr nach Deutschland wurde mir für Stunden verweigert, weil auf einmal niemand mehr ein Wort Deutsch verstand.

Es gibt unzählige Vorschriften für den Bereich des Transportwesens im internationalen Fernverkehr, die bei Missachtung mit Geldstrafen geahndet werden können. Man kann das alles

nicht mehr als Stress bezeichnen…es ist ein
Horrorfilm übelster Sorte!

Die menschliche Vereinsamung der Fahrer und die Folgen

Man muss kein Psychologe oder Arbeitsmediziner
sein um zu erkennen, dass ständige Einsamkeit und
Mangel an vernünftigen menschlichen Beziehungen
auf Dauer krank macht. Der Trucker sitzt täglich
stundenlang alleine im LKW und fährt auf der
Autobahn. Im Fernverkehr schläft er jede Nacht im
LKW.

Im Schwarzbuch der IG Metall – krank durch
Arbeit – ist zu entnehmen: ungünstige Arbeitszeiten,
wie z.B. Nachtarbeit oder Wochenendarbeit führt in
vielen Fällen zu einem erhöhten Gesundheitsrisiko.
Die Seele wird krank. Auch kann ständige soziale
Isolation zu einem erhöhten Krebsrisiko führen.
Psychosozialer Stress kann die Entstehung von
Krebstumoren auslösen.

Gerade die noch jüngeren LKW Fahrer leiden
unter der sozialen Isolation, der sie bei dem Beruf
des Truckers ausgesetzt sind. Noch junge
Freundinnen oder Ehefrauen sind mit Sicherheit
nicht sonderlich begeistert, wenn der geliebte
Mann nur am Wochenende nach Hause kommt.
Welche Frau wartet die ganze Woche auf ihren

Mann? Wenn er dann nach Hause kommt, sieht sie einen müden und abgewirtschafteten Menschen, der eigentlich nur noch seine Ruhe will.

Die Folgen einer ständigen Isolierung kann niemand auf Dauer verleugnen. Die Fahrer stumpfen gefühlsmäßig ab. Eine Gleichgültigkeit macht sich breit.

Das Unfallrisiko auf den öffentlichen Strassen nimmt zu. Wen wundert es dann noch, wenn cin 40-Tonnen LKW zum Überholen auf die linke Fahrspur wechselt, und die nachfolgenden Fahrzeuge in krimineller Art und Weise ausgebremst werden!

Die Diskriminierung der LKW Fahrer

Der LKW Fahrer wird in den meisten gesellschaftlichen Schichten abschätzig und sehr kritisch betrachtet. Es haftet etwas Verwegenes, Primitives und Kriminelles an seinem Beruf. Irgendwo ist ein Verbrechen verübt worden. Entweder ist der Täter ein arbeitsloser Hilfsarbeiter oder ein LKW Fahrer gewesen. LKW Fahrer sind schmutzig, primitiv, laut und brutal.

Arbeitsort des Fahrers ist zum einen die Autobahn und zum anderen die verschiedenen Firmengelände, wo er seinen Truck hinein-manövriert um die Tonnen schwere Ladung in Empfang zu nehmen. Ist die Ladung auf dem LKW, so muss sie in einer anderen Firma wieder abgeladen werden. Dazwischen liegen die berühmten Kilometer.

Leider ist es bis heute technisch noch nicht möglich, Kartoffel, Jeans, Zeitschriften, Pampers, Fernseher, Milch, Brötchen, Butter, Turnschuhe, schicke Klamotten und Lippenstift per E-mail oder SMS an die Verbraucher zu versenden!

All die Trucker müssen dies noch in realer Arbeit mit LKW, Reifen und Auspuff erledigen! Mit großen und missmutigen Augen beobachten Passanten einen LKW, aus dem ein nicht ausgeschlafener Fahrer aussteigt, und dessen T-Shirt nicht mehr so frisch gewaschen aussieht. Noch hat sich Aldi nichts einfallen lassen, wie man die frischen Tomaten im Supermarkt direkt wachsen lassen könnte.

Alle Waren müssen vom Fahrer mit dem LKW herangekarrt werden. Der Fahrer sieht meist müde und gestresst aus. Er stinkt nach Schweiß, ist nicht korrekt rasiert und mit Sicherheit ist sein Outfit nicht nach dem letzten Schrei gestylt. Kommt der

Fahrer zu irgendeiner Firma mit dem LKW gefahren, so wird er mit Sicherheit nicht am Haupteingang oder Personaleingang des Bürogebäudes erwartet.

Nein, er muss den Eingang für die minderwertigen Menschen nehmen. Vor allem bei den großen Betrieben und Fabriken ist von weitem schon zu lesen: *LKW Fahrer hier melden! LKW STOP! Erst im Versand melden! Anmeldung LKW!* …und …und …und …

Ein LKW Fahrer wird selten mit einem freundlichen Guten Tag begrüßt. Ganz das Gegenteil ist der Fall. Er wird misstrauisch und schlecht gelaunt gefragt: Was bringst DU? Oder: Was gibt's? Wenn ich gut gelaunt bin, dann sage ich immer: Ich bin heute rein zufällig mit dem LKW hier und mache eine kleine Spazierfahrt. Da die Trucks ja nur 30 Liter Diesel auf 100 KM schlucken, habe ich mir heute den kleinen Ausflug zur Firma X erlaubt. Wie die unzähligen Lager-Fuzzies auf so was reagieren, kann sich vielleicht manch einer vorstellen.

Ich bin in so vielen Ländern Europas mit dem LKW gewesen, bin sogar in der Türkei, Syrien, Libanon und Jordanien gewesen. Ich habe noch nirgends so miserable und unfreundliche Menschen gesehen wie in Deutschland, die als

Ansprechpartner in Firmen für Ladungsaufträge
und die Abwicklung der Frachtpapiere oder direkt
für die Beladung von LKWs zuständig sind.

Oft ist es so, dass der Fahrer zum ersten Mal in
einer Firma ankommt und die einzelnen
Umstände bzw. Gepflogenheiten noch nicht
kennt. Wo darf ich den Truck parken? Wo genau
ist das Versandbüro? Wie lange muss ich bis zur
Beladung warten? Sind noch andere LKWs vor
mir irgendwo in der Warteschlange? Wo genau
muss ich laden? Im Werk 1,2 oder 3? In der Halle
A, B oder C? Oder eventuell sogar in einem
Außenlager ganz woanders? Wo muss ich nach
der Beladung meine Fracht- oder Zollpapiere
abholen? Wann ist in dem Betrieb Mittagspause
und wann Frühstück? Bin ich vielleicht schon zu
spät, und die Leute vom Versand sind um 15 Uhr
schon nach Hause gegangen? Wo kann ich dann
mit meinem Truck stehen bleiben während der
Nacht? Gibt es Toiletten oder sogar eine
kostenfreie Dusche?

War der Fahrer schon mehrmals in dieser Firma
gewesen, so muss er nicht mehr alle möglichen
Leute fragen, wie das ganze abläuft. Ist er jedoch
das erste Mal hier, steht er da wie ein Vollidiot!
All die Trucker haben eigentlich ihren Beruf
verfehlt. Sie sollten sich beim Arbeitsamt zum
Hellseher umschulen lassen.

Die Lagerarbeiter und *Gabelstaplerfahrer* in den einzelnen Firmen sind schon die untersten Kreaturen einer Firma. Sie haben im Normalfall überhaupt nichts zu sagen. Sie müssen die Anweisungen der Vorgesetzten befolgen. Sie müssen die LKWs entladen oder beladen, danach wieder im Lager Ordnung schaffen.

Jeder Lagerarbeiter kann aber morgens zuhause noch schön frühstücken und duschen. Der LKW Fahrer kommt müde, stinkend und gestresst angehechelt und will etwas von den Leuten, möglichst sollte alles ganz schnell geschehen. Ziemlich schnell wird klar, dass der Trucker das letzte Glied in der Kette ist. Er wird bald merken, dass er nach der Pfeife der Lagerarbeiter und Staplerfahrer tanzen muss. Der Fahrer muss warten. Machen die Staplerfahrer Mittagspause, so muss der Fahrer warten.

Der Fahrer ist in Bereitschaftsstellung. Das kann eine Stunde, 5 Minuten oder vielleicht 6 Stunden dauern, bis der Truck beladen oder entladen wird. Vielleicht ist die Ware noch nicht ganz fertig produziert oder es sind 10 andere LKWs schon vorher da gewesen, und diese haben natürlich das Recht zuerst abgefertigt zu werden.

Der LKW Fahrer ist in unserer Gesellschaft ein notwendiges Übel, das eben dazu gebraucht wird, um die Güter von A nach B zu bringen. Ich selbst verdiene schon seit über 20 Jahren mein Geld mit dem Truck als Arbeiter in verschiedenen Transportfirmen. In den Wintermonaten steige ich manchmal für ein paar Monate aus dem Truck aus (wenn ich genug Geld sparen konnte) und schaue mir die Welt als ganz normaler Mensch an. Bin ich dann wieder halbwegs OK im Kopf und gut gelaunt, so steige ich wieder ganz langsam in die Fernfahrerwelt ein.

Es ist erschreckend, wenn man dann die ganzen fertigen Typen sieht, die kurz vor dem Herzinfarkt stehen und dennoch von sich selber glauben, dass sie etwas Besonderes seien, nur weil sie angeblich schon die ganze Welt gesehen haben. In Wirklichkeit kennen die Trucker aber nur die einzelnen Duschen, Parkplätze und Scheißhäuser zwischen Rom und Hamburg entlang der Strasse.

Der LKW Fahrer wird von den anderen gesellschaftlichen Gruppen nicht sonderlich geachtet. Ist er in einem Autohof oder in einer ganz normalen Raststätte an der Autobahn in Gesellschaft anderer Fahrer, so verhält er sich laut, rücksichtslos und proletenhaft, insbesondere wenn er schon ein paar Biere drin hat. In vielen Gaststätten an den Autobahnen sind in den Lokalen so genannte Fernfahrerstammtische eingerichtet. Dies wird deshalb gemacht, dass die normalen Gäste durch das lautstarke Verhalten der Trucker nicht bei ihrer Mahlzeit gestört werden. Man verfrachtet die Fahrer in eine Ecke, in der sie sich ungestört über primitive Storys und geistlose Witze amüsieren können. Die Wirte wissen schon, wie sie den Intelligenz-Bestien das sauer verdiente Geld wieder abnehmen können.

Deutsche Fernfahrer im Ausland ist mit das Peinlichste was man sich überhaupt vorstellen kann. Deutsche Touristen die mit Flugzeugen oder Wohnwagen ins Ausland kommen, können zumindest in der landesüblichen Sprache Guten Tag oder Auf Wiedersehen sagen. Auch kann man sich vielleicht in Frankreich oder Spanien etwas zum Essen bestellen. Deutsche Fahrer im Ausland bieten ein Bild von Abscheu und Widerlichkeiten. Haben sie schon genügend Bier oder Wein intus, so werden grundsätzlich die einheimischen Bedienungen angemacht. Gott sei Dank wissen die Leute vor Ort schon, mit wem sie es zu tun haben: Großkotz mit leerem Geldbeutel!

Der deutsche Fahrer ist mit dafür verantwortlich, dass er in vielen Bereichen diskriminiert wird. Der deutsche LKW Fahrer erinnert an einen geschlagenen, gestressten und wimmernden Hund, der in seiner Hilflosigkeit durch lautstarkes Bellen die Situation noch mehr verschlimmert. Wer möchte schon mit einem kläffenden Hund zusammen am Tisch sitzen?

Die Misere des Transportgewerbes und die katastrophale Unterbezahlung

Wie schon allgemein bekannt, hat die europäische Osterweiterung für das deutsche Transportgewerbe nichts Gutes gebracht. Nicht nur hier, sondern in vielen anderen Wirtschaftszweigen auch ist der Trend zu verzeichnen, dass die Arbeitsbedingungen und die Lohnentwicklung immer schlechter werden.

Leider ist jetzt natürlich noch die weltweite Wirtschaftskrise im Jahr 2009 dazu gekommen. Viele Transporteure standen kurz vor dem AUS. Manche sind leider ganz von der Bildfläche verschwunden.

Hat der Chef eines Unternehmens durch die wachsende Konkurrenz aus den Billiglohnländern immer weniger Geld in seiner Kasse, so hat der Fahrer auch kein Geld mehr in seinem Geldbeutel. Der Konkurrenzdruck wird immer an die Schwächsten weiter gegeben: an die Fahrer! Um sein Lohnniveau zu halten, muss er oftmals mehr arbeiten als die Sozialvorschriften es erlauben. Der Trucker wird ausgepresst wie eine Zitrone! Trucker in Deutschland haben kaum eine Lobby. Sie sind die einsamen und verlorenen

Helden der Landstrasse. Sie arbeiten viele Stunden während der Woche kostenlos, weil sie sich nicht wehren können. Sie leben in einer Welt der Verzweiflung, Frustration und Ohnmacht.

Moderne Sklavenhaltung ist kein abwegiger Begriff!

Die Fahrer werden mit steuerfreien Spesenzahlungen getröstet, die in den meisten Fällen unter den Regelsätzen liegen, weil kaum ein deutscher Unternehmer noch den vollen Satz bezahlen kann

Viele Trucker beginnen die Woche am Sonntagabend um 22 Uhr. Um diese Zeit endet das Sonntagfahrverbot für LKW. **Nachtschichtzulage**? Ein Fremdwort! Der Dieselsklave stellt auch hier kostenlos seine Arbeitskraft zum Wohl aller zur Verfügung.

Mir ist *ein Fall bekannt*, da wurde einem Fahrer bei einer Firma aus Ostdeutschland ein Bruttolohn von 800.- Euro gezahlt. Pro Tag noch 10.- Euro Spesen steuerfrei im Fernverkehr !!

Durchschnittlicher Bruttolohn zurzeit in Deutschland: 1300.- bis 1800.- Euro.

Der Hass auf polnische, tschechische und andere ausländische LKW Fahrer

Die traurige Vergangenheit des deutschen Volkes ist ja wohl hinreichend bekannt.

Durch die Probleme mit der politischen Öffnung des ehemaligen kommunistischen Blocks werden bei vielen deutschen Arbeitern alte und bekannte Angst- und Hassgefühle wieder mobilisiert, vor allem dann, wenn die eigenen Arbeitsplätze bedroht sind.

Die meisten deutschen Trucker reden sehr abfällig über andere Fahrer, die ein osteuropäisches Kennzeichen am LKW haben. Die Osterweiterung hat dazu geführt, dass unter anderem Tausende von Ost Trucks auf den deutschen Autobahnen zu finden sind. Die Autobahnen sind hoffnungslos überfüllt. Staus und mangelnde Parkmöglichkeiten bestimmen den Alltag der Trucker in Deutschland.

Osteuropäische Transportfirmen nehmen vermehrt den deutschen Unternehmern lukrative Ladungen weg, weil diese meist den Transportauftrag noch billiger als die Deutschen ausführen. Polnische Trucker bekommen zurzeit noch deutlich weniger Geld, als ein deutscher

Trucker. Dies könnte sich aber bald ändern. Die Löhne in Deutschland werden sich früher oder später den Werten in Richtung Osten immer mehr angleichen.

Ich möchte nicht wissen, was sich in den Köpfen von manchen polnischen oder ungarischen Truckern abspielt, wenn diese die hasserfüllten Gesichter der deutschen Trucker beim Überholen sehen!

Ossis und Wessis als Trucker unterwegs

Nach der Wende sind die ostdeutschen Kollegen in den goldenen Westen gekommen und haben mit Lohn-Dumping den Weg frei gemacht für billige Arbeitskräfte im Transportgewerbe.

Die ostdeutschen Fahrer sind diejenigen, die osteuropäische Fahrer, wie Polen, Tschechen oder Russen am meisten hassen, weil diese Leute es jetzt genau so machen wie damals die Ostdeutschen auch. Der Vorteil der Osteuropäer ist jedoch der, dass sie ihre Arbeitskraft im Moment noch billig verkaufen können, da die Lebenshaltungskosten in deren Heimat noch relativ gering sind. Was sich die Ossis in ein paar Jahren mühevoll aufgebaut haben, ist durch die Vielzahl der anderen osteuropäischen Fahrer wieder zunichte gemacht worden! Ein trauriges Schicksal für die ostdeutschen Kollegen!

Viele Ostdeutsche wurden durch den Stasi-Staat sehr stark geprägt. Durch nicht vorhersehbare Sachen, wie politische Veränderung zum Beispiel oder andere Arbeitsbedingungen wurden und werden viele Leute aus den neuen Bundesländern verunsichert, da ja jeder in der Stasi-Gesellschaft gelernt hatte, dass man sich an die Ordnung halten muss.

Zudem gab es ja nur *eine einzige Ordnung.* Der Ossi als Trucker unterwegs ist für die allgemeine Sicherheit insofern mit Vorsicht zu genießen, weil er gemäß seiner politischen Erziehung sehr gehorsam die Aufträge seines Chefs erledigt. Ostdeutsche handeln im Sinne des strengen Sozialismus, das heißt, sie werden auf *Befehl des Chefs* die Regeln für Lenkzeiten oder Arbeitszeiten meist nicht einhalten, falls es aus betriebswirtschaftlich Gründen angeordnet wird.

Ich möchte hier auf keinen Fall unsere Mitbürger aus den neuen Bundesländern beleidigen. Selbstverständlich gibt es gute und anständige Fahrer aus dem Osten. Ich stelle natürlich manche Sachen ein bisschen extrem und übertrieben dar. Leider muss ich jedoch sagen, dass die unverantwortlichen und aggressiven Fahrer genau so unter den Ossis wie auch unter den Wessis zu finden sind.

Der Ossi sitzt starr und steif im Truck, macht seinen „Dienst" und erfüllt wie ein ferngesteuerter Roboter seinen Auftrag. Viele ostdeutsche Trucker hassen die Wessis. Umgekehrt ist es leider auch so, dass die Wessis die ostdeutschen Kollegen abwertend betrachten.

Viele grosse Transportfirmen in Westdeutschland sind in der Mehrzahl von Ossis als Fahrer besetzt. Der Ossi Trucker arbeitet wie ein Pferd und ist gehorsam. Wessis mucken da schon eher auf, wenn es um die Einhaltung der gesetzlichen Arbeitszeiten geht.

Der Wessi ist auch nicht besser! Er protzt mit seinem Geld, das er (noch) verdient. Er zeigt stolz vor schlechter verdienenden osteuropäischen Kollegen seinen neuen Fernseher mit Video im Truck, oder er demonstriert, dass er finanziell in der Lage ist, sich im Autohof ein Schnitzel mit Pommes leisten zu können! Der Wessi ist arrogant und überheblich und macht leider den Eindruck, dass er in vielen Bereichen der Trucker-Welt als unflexibel erscheint im Vergleich zu den Ossis. Die Ostdeutschen haben erstaunlicherweise die weltweiten Veränderungen auf den Arbeitsmärkten nach und nach begriffen, während die Westdeutschen noch der Guten Alten Zeit im behüteten alten West Kapitalismus hinterher trauern!

Die ganze Problematik der Öffnung des Ostens und die damit zusammenhängenden Veränderungen auf dem Arbeitsmarkt spiegeln sich natürlich auch innerhalb der Truckerszene wieder. Niemand fühlt sich eigentlich mehr so richtig wohl als Fahrer. Wie schon gesagt ist festzustellen, dass die Ossi Trucker andere osteuropäische Trucker wie die Polen, Tschechen oder die Russen zum Beispiel nicht besonders gut leiden können. Sehr abfällige Äußerungen von ostdeutschen Fahrern diesbezüglich sind keine Seltenheit. Das hat vermutlich Ursachen, die in der unheilvollen Geschichte des Kommunismus und der alten DDR zu finden sind.

Die meisten Wessi Trucker reagieren auch recht allergisch, wenn zuviel osteuropäische „Nummernschilder" unterwegs sind.

Die Öffnung der Grenzen Richtung Osteuropa hat sicherlich für die meisten Wessi Trucker nichts Gutes gebracht. Sinkende Löhne und fallende Frachtpreise zum einen, zum anderen die zum Teil völlig überfüllten Autobahnen.

Es macht keinen Spaß mehr in Deutschland als Trucker zu arbeiten.

Die berühmten Versuche mit den Ratten, die man in einen zu engen Käfig einsperrt sind vermutlich des Rätsels Lösung:

Die Ratten werden aggressiv und sind ständig gestresst. Die gleichen Auswirkungen kann man auch bei den Menschen beobachten. Eine Menge Vorschriften und Reglementierungen auf der Strasse und im Transportgewerbe produzieren vor allem zusammen mit einem geringen Handlungsspielraum der Beteiligten eine Menge Aggressionen und Frustration.

Die verschiedenen Nationalitäten

Da ich von mir selbst glaube ein Mensch zu sein, der gut beobachten kann, sehe ich die Trucker mit all ihren verschiedenen Nationalitäten mit ganz besonderen Augen:

Der Italiener als Trucker sitzt stolz in seinem großen LKW. Er fühlt sich ein bisschen wie ein Feldherr auf der Strasse. Sein Truck muss auf jeden Fall schneller sein als ein deutscher Truck.

Kommt ein winzig kleiner Sonnenstrahl aus dem Himmel, so wird er seine dicke Sonnenbrille aufsetzen, die selbstverständlich nach dem allerneusten Schrei gestylt ist.

Kommt der Italiener mit seinem LKW am Wochenende nicht rechtzeitig oder überhaupt nicht nach Hause, so bricht für ihn eine Welt zusammen. Die Familie mit Mama, Papa, Kindern und Ehefrau sind heilig. In der Tat ist es für die italienischen Kollegen nicht immer einfach, sich in Deutschland aufzuhalten. Die dünne, braun gefärbte Brühe, die man sich entlang der Autobahn an den Automaten kaufen kann, hat für den italienischen Trucker wahrlich nichts mit Kaffee zu tun. Er nennt es braunes Abwaschwasser. Recht hat er! Italiener sind generell sehr gesprächig und hilfsbereit.

Der Schweizer Trucker ist ein Kapitel für sich. Die Schweiz gehört (noch) zu den reichsten Ländern der Erde. Ist der Schweizer mit seinem großen Truck in Ausland, so wird er abends irgendwo in einem Autohof sitzen, und sich mit Sicherheit nicht den billigsten Fraß reinziehen. Ob das Steak 15 oder 25 Euro kostet, wird den Schweizer nicht sonderlich interessieren. Das Bildungsniveau des Schweizers ist höher als das des Deutschen zum Beispiel. Man wird ihn selten in Gesellschaft mit den primitiven Deutschen antreffen. Der Schweizer macht seine Arbeit ruhig und überlegt und ist meist erstaunt über deutsche Kollegen, die hektisch und kopflos herumkaspern. Eine gewisse Arroganz und Überheblichkeit ist vereinzelt zu beobachten.

Der Holländer ist der wirkliche König der Landstrasse! Er wird noch als einer der ganz wenigen LKW-Fahrer im Stundenlohn bezahlt. Der Holländer fährt gute und schnelle Trucks, die Speditionen in den Niederlanden haben Kontakte in der ganzen Welt. Sie haben optimale Transportaufträge, die gut bezahlt werden. Die Trucker sind gut informiert und wissen im europäischen Ausland genau über ihre Rechte und Pflichten bescheid. Ist der Fahrer nicht arbeitsscheu, so wird er in der Regel bis zu 1000 Euro mehr am Monatsende netto in der Tasche haben als ein deutscher LKW-Fahrer!

Den *deutschen Trucker* trifft man meist als völlig gestressten und mit der Welt fertigen Menschen an. Er wirkt primitiv und ist meistens total frustriert. Das Bildungsniveau ist gering, er bietet sich als das ideale Ausbeutungsobjekt an. Die deutsche Hunde-Mentalität kann man bei ihm deutlich beobachten.

Die Polen und andere neue Mitglieder der EU präsentieren sich erstaunlicherweise als sehr höfliche und unaufdringliche Menschen, wenn sie als Fahrer irgendwo angetroffen werden. Sie handeln überlegt und machen einen mehr relaxten Eindruck als manch andere. Sie wissen, dass das Leben nicht nur aus Arbeit besteht, und sie nehmen dafür auch einen geringeren Lohn in Kauf.

Skandinavische Trucker verdienen wohl das meiste Geld, wovon der Deutsche leider nur träumen kann. In den letzten Jahren sieht man aber immer weniger Skandinavier selbst in den skandinavischen Trucks sitzen, sondern es werden immer mehr ausländische Gastarbeiter von den norwegischen, finnischen, schwedischen und vor allem den dänischen Speditionsfirmen beschäftigt.

Spitzenreiter der billigen Fremdarbeiter waren zuerst die Westdeutschen, dann die Ostdeutschen und nun bieten sich die Fahrer aus den neuen EU Mitgliedsstaaten zu Löhnen an, die noch unter dem westdeutschen Niveau liegen!

Spanier, Portugiesen und Franzosen sind irgendwie exotische Vögel, die weit weg von der Heimat enorm viele Kilometer schrubben müssen. Die französische Regierung nimmt die gesetzlichen Bestimmungen über die Arbeits- und Ruhezeiten der Trucker sehr ernst. Die Geldstrafen bei Missachtung sind extrem hoch.

Die einst immer gut gelaunten und lockeren *Franzosen* zeigen sich immer mehr gestresst und hektisch, weil in den Zeitraum der gesetzlich vorgeschriebenen Arbeitszeit nun eine Menge Arbeit hineingepackt wird, die unbedingt erledigt werden muss, damit die erforderliche Ruhepause korrekt eingehalten werden kann. *Spanische* LKWs findet man meist auf der Überholspur. Tägliches Pensum von 1000 Kilometern und mehr sind vor allem bei den Kühlfahrzeugen keine Seltenheit. Die spanischen LKW-Werkstätten sehen das mit den Manipulationen am Tachograph und am Geschwindigkeitsbegrenzer nicht so eng wie bei uns in Deutschland. Die *portugiesischen Trucker* lassen die ganze Sache ruhig angehen. Sieht man sie mit anderen Landesgenossen irgendwo auf einem Parkplatz stehen, so wird ausgiebig Pause gemacht mit allem was dazugehört. Grosse 5 Liter Plastikkanister mit Rotwein werden leer getrunken. Vermehrt trifft man in den letzten Jahren in den portugiesischen Trucks Fahrer mit südamerikanischer Herkunft an. Sie verkaufen sich billiger als die Portugiesen selbst.

Der deutsche LKW-Fahrer stellt seinen Wecker auf 4 oder 5 Uhr in der Frühe, die Südeuropäer schlafen aus, denn sie wissen, dass nur ein ausgeschlafener Mensch seine Arbeit gut machen kann. Schade, dass die vielen deutschen Kollegen das leider immer noch nicht begriffen haben.

Was ein Pech … aber auch!

Der Österreicher verdient wesentlich mehr Geld als der Deutsche. Er begreift seinen Job als eine Art von Extremsport. Er will immer der Schnellste sein. Waghalsige Überholmanöver und Beschimpfungen der anderen *depperten* Verkehrsteilnehmer sind an der Tagesordnung.

Die österreichischen Kollegen im internationalen Fernverkehr nehmen die ganzen Sozialvorschriften nicht so ernst wie manch andere. Regelungen über täglich einzuhaltende Ruhezeiten werden oft nur als gut gemeinte Empfehlungen gesehen.

Die Russen sind die ärmsten Schweine, was ihre Löhne anbetrifft. Lenk- und Ruhepausen werden 1000 Prozent eingehalten. Wer kann es sich schon leisten, in Frankreich Geldbussen von 2 oder 3 Monatslöhnen zu bezahlen! Sie werden von vielen Leuten, die im Transportgewerbe arbeiten, oftmals sehr menschenunwürdig behandelt, zumal hier noch die Sprachbarrieren hinzukommen. Auch sie wollen nur ihren Job machen und ein paar Rubel mit nach Hause bringen.

Natürlich habe ich noch viele andere Fernfahrer-kollegen aus Ost und West nicht erwähnt. Das ist keine Absicht, würde aber hier zu weit führen.

Der LKW ist das rollende Warenlager auf der Autobahn

Der LKW ist das rollende Warenlager auf der Autobahn. **Just in Time ist der größte Betrug der auf Kosten der Fahrer, der Speditionsunternehmen und der Benutzer von allgemein öffentlichen Strassen tagtäglich gemacht wird.**

Die großen Firmen oder Konzerne wollen ihre Lagerhaltungskosten für die fertig gestellten Produkte so gering wie möglich halten. Das gleiche gilt auch für die Anlieferung von Rohstoffen oder Teilprodukte, die zu einem ganz bestimmten Zeitpunkt für die Weiterverarbeitung gebraucht werden.

Die Ankunftszeiten der einzelnen LKWs werden so geplant, dass quasi vom LKW die Ware direkt in die Weiterverarbeitung bzw. Produktion geht. Speziell in der Automobilindustrie gilt für die Spediteure ein absolutes Muss bezüglich der Einhaltung von Anlieferterminen. Tausende von Lastwagen die auf den Autobahnen brummen, ersetzen die kostspieligen Lagerhaltungskosten der großen Firmen. Es gibt die so genannten Zeitfenster, die bestimmend sind für die Ankunftszeit des LKW. Ein Zeitfenster erstreckt sich meist über die Dauer von 2 Stunden. Natürlich sind die großen

Firmen so clever, dass sie für die Weiterverarbeitung von jedem Produkt eine Pufferzone eingebaut haben. Fällt ein LKW aus, oder ein bestimmtes Produkt kann nicht geliefert werden, so kann im Regelfall die Produktion für mindesten 2 Tage oder mehr weiterlaufen.

Kommt der LKW Fahrer zu spät zur Anlieferung, kann also das Zeitfenster nicht einhalten, so kommt es meist zu *Bestrafungsmaßnahmen*, die so aussehen: Der Fahrer muss warten. Manchmal muss der Trucker sogar einen halben oder ganzen Tag in der Firma (meist Automobilkonzerne) mit seinem LKW stehen bleiben, bis endlich jemand Zeit hat, sich um die Entladung zu sorgen. Dies kann unter Umständen zu finanziellen Einbussen für den Spediteur führen, da der LKW bei langen Standzeiten nicht mehr für eine neue Beladung genutzt werden kann.

Just in Time - genau in der Zeit - gerade wie gebraucht, das ist der Hit bei den großen Unternehmen.

Absolute Versklavung oder besser gesagt: die professionellen Logistik Unternehmen der Speditionsbranche sind im Endeffekt Handlanger der mächtigen Konzerne. Der Fahrer ist wie immer das letzte Glied in der Kette. Er ist der Prügelknabe der Nation, er muss die Termine oder Zeitfenster einhalten. Macht er das ein paar

Mal nicht, so wird sein Chef recht schnell einen Weg finden, sich dieses Arbeitnehmers zu entledigen. Nicht nur die Automobilindustrie verlangt absoluten Gehorsam bei der Einhaltung der Anliefertermine.

Kriminelle Machenschaften der Disponenten - die Termine -

Mit Disponenten meine ich nicht nur die firmeneigenen Büroangestellten, die den ganzen Tag telefonieren und Aufträge an Land ziehen, sondern vielmehr die Leute von den großen internationalen Speditionen, welche die einzelnen Frachten an die kleinen Spediteure weitergeben.

Viele Transportaufträge sind mit Anliefer-terminen verbunden. Diese Anliefertermine sind bindend. Werden die Termine nicht eingehalten, so kann es zu Abzügen bei der Vergütung des ausgeführten Transportauftrages kommen. Auch wird bei Nichteinhaltung der Termine die Bonität der ausführenden Spedition in Frage gestellt.

Oftmals ist es so, dass die kleinen Speditionen von den großen Auftraggebern Transportaufträge mit Terminbindung annehmen müssen, weil der Markt im Moment keine andere Möglichkeit zulässt. Jeder weiß, dass der Trucker bei diesem Auftrag seine Sozialvorschriften nicht einhalten kann. Das heißt, der Trucker *wird gezwungen* eine *kriminelle Handlung* zu begehen, damit die Wirtschaftlichkeit seines Familienbetriebes, im dem er als Fahrer arbeitet, gewährleistet ist.

Die Disponenten, bzw. die Vermittler von Ladungen in den großen Speditionen wissen genau, dass sie durch die Vergabe von Ladungen mit Termin die Fahrer der ausführenden kleineren Speditionen zu kriminellen Handlungen, sprich: zur Nichteinhaltung von Lenkzeiten oder Ruhepausen nötigen. Natürlich wird niemand dazu gezwungen, einen Transportauftrag mit Anliefertermin anzunehmen. Bevor der LKW jedoch einsam und verlassen auf einem Parkplatz steht, die Räder sich nicht drehen und kein Geld verdient wird, werden die meisten Spediteure die Terminfuhre annehmen und versuchen, den Trucker zu einer kriminellen Handlung zu überreden.

Freitag oder Samstag will jeder Trucker nach Hause. Spätestens um 14 Uhr am Freitagnachmittag macht sich bei den Truckern eine allgemeine Massenhysterie breit! Jeder will so schnell wie möglich nach Hause kommen. Würden in der Nacht von Freitag zum Samstag alle LKWs von der Polizei kontrolliert werden, so käme es zu einer Revolution auf Deutschlands Strassen.

Kaum ein Fahrer kümmert sich noch um Lenk- und Ruhezeiten. Das Gaspedal wird bis zur Ölwanne hinunter durchgetreten. Schlaue Chefs kennen das, und packen dem Fahrer zum Ende der Woche noch mal richtig eins drauf!

Er will ja nach Hause, also wird er die 800 oder 1000 KM schon noch schaffen.

Viele Trucker müssen mit dieser Art von Erpressung leben. Ein trauriges Leben!

ein LKW – zwei Fahrer im Schichtbetrieb

Gott sei Dank, haben viele grosse und namhafte Logistikunternehmen das ganze Dilemma und die Probleme mit den Arbeitszeiten begriffen, und aus der Not eine Tugend gemacht. Sie lassen ganz einfach einen einzigen LKW rund um die Uhr, also 24 Stunden laufen. Der eine Fahrer nimmt den LKW um 6 Uhr morgens und bringt ihn um 6 Uhr am Abend wieder zurück. Dann wartet schon der andere Fahrer, welcher die Nachtschicht von 18 Uhr bis 6 Uhr am nächsten Morgen fährt.

Einfach genial gemacht. So etwas kann natürlich nur ein grosser Logistik-Konzern machen, der genug

Kunden hat, um 500 bis 1000 LKWs so passend zu disponieren, damit die Sache auch auf Dauer läuft. In den meisten Fällen handelt es sich hier um 40-Tonnen-Hängerzüge mit Wechselbrücken.

Diese Art von Wechelbrückenverkehr lässt richtig Geld in die Kasse kommen. Erstens läuft das Auto 24 Stunden am Tag, und zweitens bekommen die Fahrer nur die Spesen für maximal 12 Stunden pro Tag – also keine vollen Fernverkehrsspesen, da sie ja jeden Tag zuhause schlafen können.

Oftmals wird dann dem Nachtschicht-Fahrer zusätzlich eine Vergütung für die Nachtarbeit bezahlt.

Aldi - Lidl – Rewe - die schlauen Füchse

Ich möchte mich nicht ohne finanziell abgesicherten Rechtsbeistand mit den europaweit größten Lebensmittelkonzernen anlegen.

Tatsache ist jedoch, dass jeder LKW Fahrer, will er in einem Zentrallager der oben genannten und noch einige anderen Konzernen seinen Truck abladen, dies mit seiner Arbeitskraft selbst tun muss! Ungeschriebenes Gesetz ist, dass der Trucker, wenn sein LKW an der Rampe angedockt ist, mittels einer vom Konzern gestellten *Ameise* (Batterie betriebener elektrischer Hubwagen mit Handsteuerung) seine Ladung selbst vom Truck auf einen bestimmtem Platz in der Lagerhalle befördern muss.

Laut Gesetz ist der Fahrer nicht verpflichtet, dies zu tun. Weigert er sich diesen Vorgang selbst zu tun, bekommt er vom Konzern lebenslanges Hausverbot und wird sofort vom firmeneigenen Gelände verwiesen. Weigert er sich das Gelände zu verlassen, und informiert die zuständigen Behörden des BAG (Bundesamt für Güterverkehr), so wird er Recht bekommen, und der Truck wird von irgendwelchen anderen Arbeitern abgeladen, die das Bundesamt für Güterverkehr dann bereitstellt oder zum Abladen verpflichtet.

Das lebenslange Hausverbot für den Trucker wird trotzdem ausgesprochen. Die oben genannten Supergiganten der Lebensmittelbranche bezahlen natürlich diese Art von Extratätigkeiten. Da gibt es zu dem marktüblichen Transportpreis noch ein kleines Zubrot für die eigenhändige Abladetätigkeit des Fahrers. Bis jedoch dieser Auftrag bei dem kleinen Familienbetrieb mit 10 LKWs angekommen ist, ist von dem extra Geld nichts mehr zu sehen, da auf dem freien Markt fast alle Frachten vermittelt, bzw. gekauft und weiterverkauft werden.

Auch hier stellt der LKW Fahrer wieder seine
Arbeitskraft kostenlos zur Verfügung. Zahlreiche
Fälle belegen, dass im Falle eines Unfalls in der
konzerneigenen Lagerhalle der Fahrer alle Hände
voll zu tun hat, damit irgendeine Versicherung für
die Sache aufkommt, falls sich der Fahrer durch
unsachgemäße Handhabung der Ameise – also
des Arbeitsgerätes – oder durch Verschulden
anderer dort arbeitenden Menschen verletzen
sollte.

Es ist ein Skandal, dass in Zeiten hoher
Arbeitslosigkeit niemand in der Lage ist, die
Lebensmittelkonzerne dazu zu zwingen, Leute
einzustellen, um die recht fragwürdige
Zwangsbeschäftigung der Trucker zu stoppen,
nämlich den LKW selbst entladen zu müssen.

Skandalöse Abzocke bei Polizeikontrollen im Ausland

Der Trucker ist im Ausland der Willkür der
dort ansässigen Polizeibehörden völlig ausgesetzt.
Der Trucker muss ein Lebenskünstler sein, um all
die hungrigen Polizisten im Ausland abzuwimmeln.
Strafen für irgendwelche Vergehen werden
willkürlich festgelegt.
Vergleicht man den Monatslohn eines Truckers
mit seiner eigentlichen Tätigkeit, so erscheint der
Lohn verglichen mit den Arbeitsstunden und den

anderen akrobatischen Leistungen schlicht als Lachnummer!

Ich selbst habe im Sommer 2005 bei einer Verkehrskontrolle in der Schweiz umgerechnet 400 Euro bezahlen müssen, weil ich beim Fahren mit dem LKW keine Brille benutzt hatte, obwohl dies im Führerschein vermerkt war! Darüber hinaus bin mit dem Reifen des Anhängers über die weiße durchgezogene Linie gefahren.

LKW Fahrer sind im Ausland Opfer von Willkür irgendwelcher Verkehrspolizisten, die unter einer Profilneurose leiden.

Vergehen, die in einem x-beliebigen Land mit 20 Euro bestraft werden, werden in einem andern Land vielleicht mit 500 Euro geahndet. Der LKW Fahrer ist im internationalen Fernverkehr ein beliebtes Ausbeutungsobjekt für frustrierte Verkehrspolizisten.

Das beste Beispiel ist Frankreich. Dort können ganz schnell mehrere Tausend Euro zusammen- kommen, wofür man in Deutschland vielleicht nur 250.- Euro bezahlt hätte. In Frankreich können die Polizisten bei Uneinsichtigkeit des kontrollierten Fahrers die fälligen Geldbussen verdoppeln oder noch mehr erhöhen … als Erziehungsmaßnahme …

Die Kriminalisierung des LKW Fahrers

Polizeikontrollen und die ständige Arbeits-
situation am gesetzlichen Limit drängen
den Fahrer immer mehr in die Kriminalität
hinein. Der Fahrer möchte eigentlich nur auf eine
anständige Art und Weise sein Geld wie jeder
andere auch verdienen.

LKW Fahrer sind ständig auf den Strassen
unterwegs mit all den vielen Verkehrsschildern und
sonstigen Verboten, die bei Missachtung mit
mittlerweile saftigen Geldstrafen und Strafpunkten
in Flensburg geahndet werden. Ist das Punktelimit
erreicht, so wird dem Fahrer ohne Rücksicht auf
seine private oder familiäre Situation die
Fahrerlaubnis entzogen. Auf gut Deutsch heißt das,
dass er dann am Rande des gesellschaftlichen Ruins
angekommen ist.

Jemand der schon jahrelang auf dem Bock sitzt,
ist kaum noch in der Lage, einen so genannten
normalen Job anzunehmen. Darüber hinaus kommt
noch das Alter hinzu. Ist man schon 40 oder noch
älter, stehen die Chancen ganz schlecht, bei Verlust
des Führerscheines noch mal anderswo Fuß zu
fassen.
Kaum ein Fahrer schafft es, die gesetzlichen
Lenk- und Ruhezeiten immer korrekt einzuhalten.
Die sinkenden Frachtpreise und der völlig

konfuse Arbeitsmarkt durch die Osterweiterung
der EU zwingen die Spediteure immer mehr, die
Fahrer zu mehr Arbeitsleistung anzustacheln.
Natürlich ist das verständlich. Jeder Spediteur
will überleben. Hat der Spediteur kein Geld mehr,
so wird am Monatsende das Konto des Truckers
auch leer bleiben!

Es ist eine grausame und unvorstellbare Situation,
die die vielen verantwortlichen Politiker in
Deutschland geschaffen haben. Tausende von
deutschen und ausländischen Fahrer müssen, obwohl
sie alle Sozialabgaben wie jeder andere auch
bezahlen, am Rande der Kriminalität ihr Geld
verdienen.

Früher, als die Zeiten noch besser waren,
haben die Firmen all die anfallenden Bußgelder
für die Fahrer übernommen. Heute wird in vielen
Betrieben von den neu eingestellten Fahrern eine
Unterschrift verlangt, dass diese alle Bußgelder
selbst bezahlen müssen. Darüber hinaus müssen
die Trucker noch unterschreiben, dass sie von der
Firma aus verpflichtet sind, sämtliche
Sozialvorschriften im Speditionsgewerbe
einzuhalten, was heißt, dass die Lenk- und
Ruhepausen unbedingt beachtet werden müssen.
Jeder Fernfahrer weiß, dass es Situationen
gibt, in denen man leider gegen das Gesetz
verstoßen muss. Zum einen will man am

Wochenende nach Hause, zum anderen will man in der Firma nicht als Prinzipienreiter dastehen und die Touren versauen, nur weil man nicht bereit ist, eine Stunde gegen das Gesetz länger zu fahren, damit der geplante Umsatz reinkommt.

Schließlich möchte ich als Fahrer am Monatsende mein Geld auf dem Konto sehen. *Das große Problem* sind die Geschäfts- bzw. Be- und Entladungszeiten bei den einzelnen Firmen, bei welchen die Güter abgeholt oder angeliefert werden müssen. Kommt man zu spät, ist unter Umständen die ganze Woche versaut. Oftmals sind auch die Disponenten schuld, weil sie die Einteilung der LKWs zu knapp kalkulieren. Die Leidtragenden sind wie immer die armen Fahrer. Sie rasen immer ein bisschen schneller als erlaubt über die Strassen, überholen im Überholverbot, fahren gerade noch bei gelb über die Ampel, haben statt vorgeschriebenen 11 Stunden Ruhepause nur 8 gemacht und wegen dem chronischen Zeitmangel die Ladung nicht ausreichend mit Gurten gesichert.

All diese katastrophalen Umstände führen dazu, dass sich der Trucker immer am Rande der Legalität bewegt. Es ist eine Schande für die deutsche Transportpolitik, dass all diese Dinge auf öffentlichen Strassen anscheinend als normal eingestuft werden.

Die Kriminalisierung der Fahrer zeigt sich nicht nur in den formalen Gesetzesbestimmungen, die er nicht befolgt, sondern später auch noch in seiner gesamten Persönlichkeit. Bewegt man sich ständig in einer Grauzone von Legalität und Illegalität, so hat das früher oder später immense Auswirkungen auf die gesamte Person des Fahrers.

Wertvorstellungen von gut und schlecht werden zwangsläufig verwischt. Rücksichtnahme auf all die anderen Menschen, die mit ihren privaten PKWs auch die schöne Autobahn nutzen wollen, sieht man immer seltener. Tausende Kilometer von Autobahnen, deren Bau jeder von uns durch die Steuergelder mitfinanziert hat, werden zum Schauplatz primitiver Machtrangeleien und lebensgefährlichem *TERMIN-Konkurrenzkampf*!

Der Verlust des ach so geliebten Führerscheines bedeutet in den meisten Fällen der radikale soziale Abstieg des Truckers. Da die meisten Trucker nichts anderes können außer einen LKW vorwärts zu fahren und auf die Hupe zu drücken, können sie bei Verlust der Fahrerlaubnis mit erheblichen finanziellen Problemen rechnen. Bei der Beantragung von Arbeitslosenunterstützung müssen sie erst mal beim Arbeitsamt nachweisen, dass sie für eine Kündigung durch den Arbeitgeber nicht selbst verantwortlich sind. Welcher Spediteur will schon einen Fernfahrer ohne Führerschein weiter beschäftigen! Ist man erst mal das Leben auf der Autobahn gewöhnt, so fällt es jedem Trucker sehr schwer, einen anderen Job anzunehmen, welcher nichts mit dem Fahren zu tun hat. Ist zu allem Elend auch noch Alkohol mit im Spiel, was den Verlust des Führerscheines verursachte, so ist in den meisten Fällen das endgültige AUS besiegelt.

Die Kriminalisierung des Truckers in Deutschland hat noch viel mehr Folgen, als die meisten eingestehen wollen. Die ständige Angst vor Polizeikontrollen, der Termindruck und die katastrophale familiäre Situation zuhause, macht aus dem einst so friedlichen Fernfahrer eine unberechenbare *Bestie auf öffentlichen Strassen*.

Das Gehirn vieler Fahrer ist schon soweit geschrumpft, dass selbst harmlose PKW Fahrer, die gemütlich auf der Autobahn fahren, von den Truckern als Feinde eingestuft werden. Truckern, die schon so fertig mit der Welt sind, dass sie einem mit 80 Kilometer pro Stunde fahrendem Wohnwagengespann bis auf 2 Meter auffahren, nur weil Überholverbot herrscht, gehört meiner Meinung nach der Führerschein abgenommen! Man kann noch so müde oder fertig sein, hierfür gibt es keine Entschuldigungen.

Das ungesunde Leben der Trucker und die Gesundheitsschäden

In der Webseite der Gewerkschaft VERDI sind ausführlich die diversen Gesundheitsschäden für ganz bestimmte Arten von Arbeiten beschrieben.

Bei dem Beruf des LKW Fahrers treffen die meisten Symptome für seine Art von Arbeit zu: Unregelmäßiges Essen, unregelmäßige Arbeitszeiten, ständiger Druck und ein kleiner Handlungsspielraum führen zu den übelsten Erkrankungen, die man sich vorstellen kann: Rückenschmerzen, Kopfschmerzen, Nervosität, psychische Erschöpfung, Schlafstörungen, Magenprobleme und Herz-Kreislaufprobleme.

Das Krebsrisiko ist deutlich erhöht durch die ständig vorhandenen Autoabgase und durch ständigen Stress. Man muss keine empirischen Untersuchungen anstellen um herauszufinden, dass der Beruf des LKW Fahrers äußerst gesundheitsschädlich ist. Permanenter Termindruck und die ständige Geräuschbelästigung im öffentlichen Verkehr reichen schon völlig aus, um das Nervenkostüm erheblich anzukratzen!

Die Tätigkeit des Truckers ist kein normaler Job. Überhöhte Arbeitszeiten, Stress und zum Teil schwere körperliche Arbeit (z.B. beim

Beladen des LKW) lassen die gegenwärtigen Löhne als Lachnummer erscheinen. Darüber hinaus fehlen bei der Tätigkeit des Truckers sämtliche Berücksichtigungen einer gefährlichen und gesundheitsschädlichen Tätigkeit im Sinne einer zusätzlichen Vergütung.

In Deutschland erleiden pro Jahr ca. 270.000 Menschen auf Grund von Stress, Hektik, Frustration, Angst und Ärger einen Herzinfarkt. Davon enden ca. 100.000 Fälle tödlich. Die Bundesanstalt für Arbeitsschutz und Arbeitsmedizin hat im Internet u.a. folgenden Artikel veröffentlicht:
Betriebs- und Arbeitszeiten beim Gütertransport und bei der Personenbeförderung:

Neue Marktanforderungen haben im Transportgewerbe zu veränderten Betriebs- und Arbeitszeiten geführt. In letzter Zeit zeigten sich vermehrt Hinweise darauf, dass dies eine höhere Belastung des Fahrpersonals und darüber hinaus eine Gefährdung von Gesundheits- und Sicherheitsstandards bewirkt. Ziel des Projektes war es daher, die im Bereich des ÖPNV und des Gütertransportes vorfindbaren Betriebs- und Arbeitszeitsysteme zu bilanzieren, hinsichtlich ihrer Auswirkungen auf die Sicherheits- und Gesundheitsschutzziele zu bewerten sowie daraus Handlungsempfehlungen abzuleiten. Die

Bewertung der betrieblichen Zeitmodelle bzw.
die Abschätzung der mit ihnen verbundenen
Risiken basiert auf dem Belastungs-
Beanspruchungskonzept. Methodisch war die
Untersuchung als praxisorientierte, explorative
Studie angelegt, deren Ergebnisse sich auf ein
breites Spektrum der Daten- und
Informationsgewinnung stützen. Es hat sich gezeigt,
dass die bilanzierten Zeitmodelle
häufig Merkmale aufweisen, die unter
ergonomischen Gesichtspunkten zu einer
erhöhten Beanspruchung und damit zu erhöhten
Gesundheitsrisiken führen müssten. Der
beabsichtigte empirische Beleg dieser
Zusammenhänge ist auf der Basis der
verfügbaren Daten nur z.T. gelungen. Die
wenigen erreichbaren Datenbestände wiesen
erhebliche Probleme hinsichtlich der
Datenstruktur und -qualität auf. Allerdings zeigen
die untersuchten Zeitmodelle, auch wenn sie nur
einen Teilaspekt des komplexen Problemfeldes
darstellen, aus arbeitswissenschaftlicher
Perspektive bereits auf betrieblicher Ebene
erhebliche Verbesserungsmöglichkeiten auf. Für
eine umfassende Verbesserung der
Arbeitszeitbedingungen des Fahrpersonals sind
darüber hinaus, wie die Diskussion mit den
Experten gezeigt hat, Eingriffe auf politischer und
normativer Ebene erforderlich … ☺ ☺ ☺

81

Keine Parkplätze an den Autobahnen

In fast allen europäischen Ländern mangelt es an ausreichenden LKW Parkplätzen entlang den Autobahnen und Bundesstrassen. Es ist eine Katastrophe! Abends ab 20 Uhr findet man kaum einen geeigneten Parkplatz mehr. Nur Insider wissen, wo eventuell noch was frei sein könnte.

Die Autohöfe sind meist ab 22 Uhr komplett belegt. Die Arbeitszeit ist voll, der Fahrer muss unbedingt den Truck abstellen, sonst läuft er Gefahr wieder einmal die Zeiten überschritten zu haben. Die Polizei entschuldigt bei einer Kontrolle in den meisten Fällen eine Lenkzeitüberschreitung von ca. einer halben Stunde, wenn auf der Tachoscheibe ersichtlich ist, dass man mehrfach die Autobahn verlassen hat um einen Parkplatz zu finden. Es ist eine unglaubliche Frustration, wenn der Fahrer nach Feierabend noch nicht einmal den LKW vernünftig parken kann, um seine wohlverdiente Ruhezeit zu genießen.

Niemanden interessiert diese beschissene Situation. Entlang den Autobahnen ist unglaublich viel Platz in Form von Wald oder Wiesen. Es wäre kein großer finanzieller Aufwand, hier und da mit geeigneten Maschinen genügend Platz zu schaffen für

Parkmöglichkeiten. LKWs müssen zum Teil halb auf der Autobahn parken. Die Fahrer sind müde und müssen schlafen. Reguläre LKW Parkplätze sind in Deutschland an den normalen Autobahnrasthöfen und Tankstellen so angelegt, dass beim Parken des LKW das Führerhaus nur ein paar Meter direkt vor der Autobahn platziert ist. Das heißt, die ganze Nacht hindurch nimmt der schlafende Fahrer unbewusst das laute Getöse der vorbeirasenden Autos wahr. Schläft jemand direkt mit dem Kopfkissen so zu sagen auf der Strasse, so ist er morgens mit Sicherheit nicht ausgeruht.

Auch dies ist eine besondere Eigenschaft *deutscher Verkehrspolitik.* In Frankreich zum Beispiel sind LKW Parkplätze meist ganz hinten, weit weg von der Strasse angelegt. Hier kann man sich ausruhen, und am nächsten Tag ist man wieder fit für die neue Tour.

Völlig unsinnig aufgestellte Verkehrszeichen innerhalb der Park- und Rastanlagen entlang den Autobahnen in Deutschland, welche an manchen Stellen ein absolutes Halteverbot signalisieren, zeugen von absoluter *Dummheit und Ignoranz* der Verantwortlichen, wenn man die allgemeine Parkplatznot für LKW bedenkt. In der Not um mangelnde Parkplätze hält sich jedoch niemand an Halteverbotsschilder.

Die ganze Situation des Transportgewerbes grenzt an eine üble Inszenierung eines Horrorfilms!

Ausruhen auf den Autohöfen

Der Autohof ist immer noch der beste Platz für den Trucker um seine verdiente Ruhezeit zu verbringen. Seit ein paar Jahren ist es jedoch üblich, dass für das Parken vom Fahrer eine Gebühr verlangt wird. Die Höhe der Gebühr bewegt sich etwa zwischen 5 und maximal 15 Euro. Nicht gerade billig, werden jetzt einige sagen. Das stimmt allerdings. In fast allen Fällen ist es jedoch so, dass die Gebühr in Form eines Gutscheines vergütet wird. Mit diesem Gutschein kann dann der Fahrer im Restaurant essen gehen.

Kostet das Essen oder das Bier weniger als die Höhe des Gutscheines, so bekommt er kein Geld zurück. Kostet das Essen mehr, so muss er den Rest in Bar dazu zahlen. Diese Regelung wurde vor Jahren nach und nach in fast allen Autohöfen eingeführt mit der Begründung, dass man dadurch die russischen, polnischen, ungarischen oder tschechischen LKW Fahrer von den Autohöfen vertreiben wolle, die eh nur kostenlos parken würden, und im Shop oder im Restaurant keinen Cent ausgeben würden, da diese allesamt ihren

Proviant an Bord mit dabei hätten. In der Tat war es eine Zeitlang wirklich so, dass die Autohöfe von osteuropäischen Fernfahrern stark besucht wurden, die hier eine kostengünstige Parkmöglichkeit für zum Teil mehrere Tage fanden.

Die meisten Autohöfe fahren zweigleisig: Sie bieten Komfort für Reisende mit dem PKW und auch Truckerecken im Restaurant für besonders durstige und hungrige Fahrer. Duschen, Toiletten und Waschmaschinen sind vorhanden. Die Preise für Speis und Trank können unter Umständen schon recht unterschiedlich ausfallen. Auch bei der Qualität des Essens gibt es gewaltige Unterschiede.

Die mittlerweile recht zahlreichen Autohöfe an den deutschen Autobahnen sind einer der wenigen Lichtblicke im sonst so tristen Leben des Fernfahrers. Wie schon gesagt, sind leider auch hier die Parkplätze ab ca. 22 Uhr oder noch früher belegt.

Eine Frechheit sind die Preise für eine Tasse Kaffee, nicht nur in den Autohöfen, sondern generell auf Autobahnraststätten in Deutschland.

Hier wird richtig abkassiert!
Der Autohof stellt für viele Fernfahrer einen

Ersatz für das Zuhause dar. Viele Fahrer sind geschieden und verbringen die Wochenenden irgendwo in einem Autohof. Vielerorts kommt es auch zu engeren Freundschaften zwischen dort arbeitenden Bedienungen und den einsamen Truckern.

Die verlogene Kumpanei mit den Truckern und das sofort angebotene „DU"

Ein sehr merkwürdiges Phänomen in der Fernfahrerwelt ist das unmittelbare Angesprochen-werden mit dem kollegialen „DU".

Auch wenn ein Fahrer schon 40 Jahre oder älter ist, kommt es häufig vor, dass er von jungen, in einem Büro arbeitenden Frauen gleich mit DU angeredet wird. Auch auf Raststätten und Autohöfen kommt das sehr oft vor. Irgendwo anders würde ein 40 oder 50 jähriger Mann niemals von einer 25 jährigen Frau mit DU angeredet werden.

In den Büros von großen Speditionen herrscht eine merkwürdige Solidarität mit den Fahrern, die in Wirklichkeit nicht ernst gemeint ist. *DU* musst noch warten, das Sammelgut ist noch nicht vollzählig bei uns im Lager, *DEIN LKW* kann noch nicht beladen werden. *DEINE* Papiere sind noch nicht fertig. *DU* musst unbedingt morgen früh um 7 Uhr beim Spediteur in München stehen, sonst bekommen wir Ärger. Wir haben im Keller Duschen, wenn *DU* duschen willst, kannst *DU* das tun.

Der heimische Disponent musste mal wieder eine Ladung annehmen, wobei jeder weiß, dass die Ausführung des Transports nur mit Arbeitszeitüberschreitung korrekt abzuwickeln ist. Das Sammelgut kommt erst gegen 20 Uhr, der Fahrer muss warten, wie immer!

Wird der gute Wille des Fahrers dringend gebraucht, so wird er mit dem freundschaftlichen und kumpelhaften DU angesprochen. Da viele Trucker einsame Hunde sind, fällt vielleicht manch einer auf das verlogene Gesülze herein.

Auf den Autohöfen ist das nicht viel anders. Wo musst *DU* noch hin? Möchtest *DU* noch ein Bierchen? Hast *DU* schon was gegessen? Nachdem schon zwei große Biere und ein Schnitzel auf dem Deckel stehen, lässt auch das mit dem „*DU"* schnell wieder nach! Vielleicht hört man noch: Ich *wünsche DIR* noch eine gute Nacht. Der Deal war perfekt, der Geldbeutel ist um 15 bis 20 Euro leichter geworden. Das sind ja nur so zwischen 30 und 40 Mark! Für die Dusche werden auch noch mal zwischen 2 und 3 Euro fällig.

Die verlogene Gemeinschaft unter den Truckern

Ich behaupte, dass es unter den Truckern kaum noch echte Solidarität gibt. Es ist in den meisten Fällen eine gespielte Kumpanei. Jeder kämpft für sich alleine. Jeder trickst den anderen aus, wenn er es kann. Das beste Beispiel sind morgens um 7 Uhr die Warenannahmestellen der Lidl oder Aldi Großlager.

Hier gibt es immer wieder Fahrer, die sich an anderen vorbeimogeln wollen, obwohl sie nachweislich mit dem LKW später in der Nacht angekommen sind als andere.

Macht- und Konkurrenzkampf auf allen Ebenen! Es ist ein trauriges Bild, was hier die deutsche Fernfahrergemeinde abliefert. Unterste Stufe, muss ich leider sagen!

Kommt man in Deutschland irgendwo in eine Gaststätte an der Autobahn, so sitzen drinnen 5 Fahrer, jeder für sich an einem Tisch separat. Kommen 3 holländische Fahrer unabhängig voneinander in eine Wirtschaft, so setzen diese sich sofort zusammen an einen Tisch und tauschen Informationen aus. Sollten sich dennoch einmal 3 deutsche LKW Fahrer zusammen an

einen Tisch setzen, so entstehen meist nach ca. 10 Minuten immer wieder die gleichen langweiligen Gespräche:
Meinem Chef habe ich aber letzte Woche die Meinung gesagt. Oder: Ich bekomme jetzt nächste Woche den ganz großen Mega XXL mit 500 PS. Damit mache ich sie alle an den Kasseler Bergen platt! usw. usw…

Komischerweise sind die meisten Trucker auch noch stolz, dass sie schon sein 30 Jahren die Funktion des Lastesels oder Diesel Sklave brav erfüllt haben. Hut ab…endlich mal ein waschechter Trucker!

Frustration und Aggression auf den Autobahnen

Durch die anhaltende Krise im Transportgewerbe werden alle Beteiligten immer nervöser. Die Chefs verdienen kein richtiges Geld mehr, die Disponenten müssen Fuhren annehmen, wobei sie genau wissen, dass der Fahrer seine Sozialvorschriften verletzen muss. Die Fahrer sind gestresst und werden immer aggressiver. Der Deutsche ist sowieso allgemein bekannt dafür, dass er mit bösem Blick und unzufriedenem Gesicht herumläuft. Gut drauf sein und mal lachen wird in Deutschland immer mehr zu einem

Fremdwort. Fernfahrer sind extrem schlecht gelaunt und bis auf die Knochen frustriert.

Soviel Frustration und Aggressivität wie zurzeit auf den Autobahnen zu finden ist, gab es noch nie. Fahrweisen, die besonders auf gefährlichen Autobahnabschnitten oder bei längerem Überholverbot zu sehen sind, spotten jeglicher Beschreibung! Man bekommt das Gefühl, dass man es hier mit gemeingefährlichen Monstern zu tun hat, die in einem 40-Tonnen LKW sitzen. Die öffentliche Sicherheit ist weitaus mehr gefährdet, als es manch einer wahrhaben will. PKW Fahrer müssen um ihr Leben bangen, so rücksichtslos benehmen sich nicht nur deutsche Trucker auf den Strassen.

Die falsche Selbsteinschätzung der eigenen Situation der LKW Fahrer

Ich denke, dass jeder Fernfahrer weiß, dass er für all die Stunden die er unterwegs ist, eigentlich viel zu wenig Geld bekommt. Die Fernfahrerei ist ein Zigeunerleben. Jeden Tag trifft man irgendwo eine andere Toilette an der Autobahn, auf der vielleicht vorher schon 100 andere gesessen haben. Der Fahrer weiß meist am Mittwoch noch nicht, ob oder wann er Freitagabend oder Samstagmittag nach Hause kommt. In jedem anderen Beruf gibt es auch Spesen, falls die Leute für die Firma unterwegs sind. Die meisten Trucker haben ihre eigenen Kaffeemaschinen an Bord und genügend Proviant in der Kühlbox. Ist man morgens zu faul einen Kaffee zu kochen, so leistet man sich mal einen Pot Kaffee an der Autobahn für 2 bis 3 Euro.

Stinkt man schon 10 Meter gegen den Wind, so wird geduscht. Duschen und ein Pot Kaffe kosten zusammen meist schon über 5 Euro. Die Spesen werden in den meisten Fällen vollständig unterwegs aufgebraucht. Was bleibt, ist doch eher ein recht bescheidener Bruttolohn.

Verheiratete Fahrer mit Kindern bekommen mehr Geld netto raus als die Leute mit Lohnsteuerklasse 1. Hier sieht es wirklich sehr bescheiden aus, nicht nur bei den Truckern, sondern überall im Land.

Jetzt werden bestimmt einige Leute sagen: Sei doch froh, dass Du überhaupt eine Arbeit hast. Natürlich haben diese Leute Recht. Ich bin auch froh, dass ich Arbeit habe. Die Löhne der Trucker sind in den letzten Jahren gesunken. Wenn heute ein 25 Jähriger neu irgendwo mit wenig Berufserfahrung als LKW Fahrer anfangen will, so ist meist nicht mehr als 1500 bis 1700 Euro brutto mehr drin! Ältere Fahrer die schon über 20 Jahre bei ein und derselben Firma dienen, bekommen natürlich mehr Geld.

Die gezahlten Löhne sind abhängig von Bundesländern und Regionen. Auch gibt es Firmen, die mehr bezahlen können, andere wiederum können oder wollen nur wenig bezahlen. Ich denke, dass das momentane Durchschnittsbruttoeinkommen eines halbwegs erfahrenen Fahrers im Fernverkehr sich zwischen 1650 und 2100 bewegt. Erfahrungsgemäß ist es so, dass bei relativ niedrigem Bruttogehalt die Spesen eher etwas höher ausfallen.

Spesenzahlungen im internationalen Fernverkehr liegen monatlich zwischen 350 und 550 Euro. Muss der Fahrer zuhause Miete bezahlen, einen PKW unterhalten und noch eventuell Kinder großziehen, so bleibt am Monatsende nicht mehr viel übrig. Jede Reinemachfrau die im Stundenlohn arbeitet, bekommt mindestens genau so viel wie der Trucker, wenn der alle Stunden zusammenzählt, die er von zu Hause weg ist.

Viele Trucker meinen, weil sie ein großes Auto fahren, deshalb auch das große Geld verdienen. Dem ist leider nicht so.

Es gibt europäische Länder, da verdienen die Fahrer das Doppelte von einem deutschen Lohn und müssen auch nicht mehr Stunden arbeiten als

die Deutschen selbst. Irgendwas scheint bei uns
in Deutschland schief zu laufen.

Die grausame Welt der ferngesteuerten Unterhosen

Der LKW Fahrer, Kapitän der Landstrasse
oder Diesel Sklave? Mit der großen Freiheit und
dem Kapitän der Landstrasse hat die Fahrerei mit
Sicherheit schon lange nichts mehr zu tun. Das
war vielleicht früher einmal so gewesen.

Der Trucker ist eher ein ferngesteuertes Instrument
seines Disponenten. Auf manchen Autobahnen
fahren auf der rechten Spur nur Trucks.
Stundenlang sitzen die ferngesteuerten Roboter
mit starrem Gesicht hinter dem Lenkrad und
schauen verbissen nach vorne. Eine Stunde nach
der anderen huscht vorbei. Es ist eine monotone
Arbeit. Im Radio kommt immer das Gleiche.
Ständig hört man neue Schreckensnachrichten.
Schon wieder ein Gefahrguttransporter umgestürzt.

Die Autobahn wird zum Horrortrip.
Vollsperrung für mindestens drei Stunden. Unfall
in einer Baustelle. Schon 10 Kilometer Stau.
Vorsicht, das Stauende liegt hinter einer Kuppe.
Dann kommen jede Stunde die Nachrichten im
Radio. Hier ist auch nichts mehr Gutes zu hören.
Hohe Arbeitslosigkeit. Stellenabbau.

Wirtschaftskrise. Erhöhung der Spritpreise. Es ist eine grausame Welt mit vielen negativen Sachen im direkten Umfeld des Fahrers. Er wird richtig mit Negativem bombardiert.

In welchem anderen Beruf wird man während der Arbeit von der Polizei angehalten und kontrolliert? Man muss sich das einmal so vorstellen: Sie sitzen gerade im Büro und tippen auf Ihrer Schreibmaschine herum. Plötzlich kommt ein Polizist und sagt: Bürokontrolle, zeigen sie mir mal bitte ihre Schreibmaschine! Wie lange sitzen Sie schon vor diesem Gerät? Sie haben heute aber schon zu lange getippt! Ich muss Ihnen leider einen Strafzettel von über 120 Euro schreiben! Tut mir Leid, aber auch wir haben unsere Vorschriften…

Es gibt selbstverständlich auch Phasen, da ist man richtig gut gelaunt und die Arbeit macht Spaß. Höhen und Tiefen macht jede(r) Berufstätige mit.

Vieler Orts besteht die Meinung, dass das geradeaus Fahren mit monotoner Geschwindigkeit auf den Autobahnen eigentlich keine richtige Arbeit ist. Die Trucker sitzen den ganzen Tag vor dem Bett, rauchen Zigaretten und schauen aus dem Fenster! Wir haben in Deutschland eine sehr hohe Verkehrsdichte. Es ist sehr anstrengend in Deutschland LKW zu fahren.

In Frankreich, Italien oder Spanien zum Beispiel sind viele Strassen viel großzügiger angelegt. Auch das Verkehrsaufkommen ist nicht so hoch wie bei uns. Im Süden von Europa sitzen die Leute viel entspannter und lockerer hinterm Steuer. Alles ist nicht so stressig. Der Deutsche fährt hektisch und verkrampft, egal ob im Truck oder im PKW!

Tja, liebe Leute, so ist das mit all den Diesel Sklaven, die von sich selbst glauben, die Kapitäne der Landstrasse zu sein!

Die tickende Zeitbombe auf den öffentlichen Strassen

Viele Leute denken vielleicht, dass ich die gegenwärtige Situation auf den öffentlichen Strassen etwas zu dramatisch darstelle. Keineswegs, liebe Zeitgenossen!! Ich verdiene seit 20 Jahren mein Geld mit der Fernfahrerei. Da ich schon öfter in den Wintermonaten für 4 bis 5 Monate aufgehört habe mit dem Fahren, konnte ich mich immer wieder gesundheitlich erholen, und ich konnte die ganze Sache von einem anderen Standpunkt aus betrachten. Manche 100- prozentig eingefleischte Trucker werden das natürlich als Schwäche auslegen. Ein richtiger Trucker ist nur jemand, der sich völlig kaputt macht, und hinterher sagen kann: Ich war 40 Jahre auf dem Bock gesessen! Wenn das alles ist, was solch ein Mensch zu bieten hat, dann Gute Nacht!

Trucker auf der Autobahn bekämpfen sich permanent. Wessen LKW ist schneller. Welcher LKW zieht besser am Berg. Welche Automarke hat mehr Power. Wessen Tempomat ist schneller eingestellt.

Die Nationalität spielt eine wichtige Rolle. Italiener, Franzosen, Spanier, Türken, Polen, Deutsche, Rumänen, Bulgaren, Slowaken, Tschechen, Russen, Holländer, Dänen, Finnen, Norweger, Österreicher, Schweizer, Schweden, Liechtensteiner, Portugiesen und die Luxemburger, um nur einige Nationalitäten der Trucker zu nennen, tummeln sich auf den Autobahnen. Manche LKW Fahrer fühlen sich persönlich angegriffen, wenn sie zum Beispiel von einem Polen überholt werden. Italiener lassen sich nicht gerne von einem Deutschen überholen. Deutsche müssen grundsätzlich einen Russen überholen, weil sie denken, dass Russland im Gegensatz zu Deutschland weniger wert ist.

Der Trucker identifiziert sich mit seinem kleinen Nummernschild, was vorne und hinter an seinem LKW angeschraubt ist. Es finden immer kleine

Machtkämpfe statt. Trucker sind Menschen, die im wirklichen Leben nicht viel zu melden haben. Es sind Verlierer Typen, die mit dem großen Truck protzen und in Wirklichkeit, wenn all die Stunden aufgerechnet werden, weniger verdienen als eine Reinemachfrau, die mit Kopftuch in einem Großraumbüro ihren Job macht!

Die Familie des Truckers – falls er überhaupt eine hat – ist mit dem Problem konfrontiert, dass der Papa nie zu Hause ist. Kommt der Fernfahrer mal nach Hause, ist es dann seine Hauptaufgabe, sein sauer verdientes Geld abzuliefern. Damit kauft er sich den Irrglaube, eine gute und befriedigende Beziehung zu seiner Frau und den Kindern zu haben.

Die Strasse ist ein öffentliches Gut, das allen gehört. Die Strasse ist eine öffentliche Einrichtung, genau so wie ein Schwimmbad, ein Park, eine Einkaufszone, eine Schule oder ein Theater, wo sich die Menschen frei und unbehelligt, gefahrlos und gut gelaunt bewegen oder aufhalten sollten.

Die Strasse ist kein Platz der für das Austragen von Machtkämpfen. Sie ist nicht der Ort, wo Preispolitik und Preiskämpfe der großen Konzerne auf dem Rücken der Trucker oder der anderen Verkehrsteilnehmer stattfinden sollten! Die

Frachtpreise die den Transporteuren heute gezahlt werden, sind so niedrig wie noch nie.

Wenn eine Transportfirma in allen Punkten die gesetzlich vorgeschriebenen Regeln der Sozialvorschriften für die Trucker umsetzen würde, so würde das in den meisten Fällen den Bankrott bedeuten. Auf gut deutsch heißt das: Um zu überleben muss der Fahrer hier und da die Lenk- und Arbeitszeiten überziehen, ansonsten verdient die Firma kein Geld mehr!

Die Fahrer bekommen von allen Seiten Druck. Sie sind die Verlierer des ganzen Wahnsinns. Ich denke, dass viele Verantwortliche noch nicht die ganze Tragweite der Problematik begriffen haben. Finanzielle Machtkämpfe der einzelnen Transportfirmen oder Grosskonzerne werden hier nicht in einer Diskussionsrunde am Stammtisch oder in einem harmlosen Debattierclub eines Hundezüchtervereins ausgetragen, sondern auf öffentlichen Autobahnen, wobei die Instrumente der Auseinandersetzung die 40-Tonnen Geräte sind, die einen 400 PS starken Dieselmotor besitzen!

Es ist unglaublich, was sich alles so auf den Strassen abspielt. Die Polizei und das Bundesamt für Güterverkehr (BAG) sind in Wirklichkeit machtlos. PKWs werden durch riskante

Überholmanöver der LKWs brutal ausgebremst. LKW Fahrer gefährden sich und andere Verkehrsteilnehmer durch zu schnelles Fahren und durch permanentes dichtes Auffahren auf das voraus fahrende Fahrzeug. LKW Fahrer gefährden andere LKW Fahrer durch schwachsinnige und halsbrecherische Fahrweisen, die nur auf Tempo und Termine ausgerichtet sind.

Urlaubsscheine und andere Tricks

Ein heikles Kapitel ist die Ausstellung von so genannten Urlaubsbescheinigungen, welche dem Fahrer vom Chef bei Bedarf ausgehändigt werden. Von Sonntagabend 22 Uhr (Beendigung des Sonn- oder Feiertagsfahrverbots für LKW) bis Donnerstagnachmittag zum Beispiel, hat der Fahrer schon so viele Stunden gefahren, dass eigentlich eine Ruhepause von mindestens 24 Std. eingelegt werden müsste. Um die Gesetze zu umgehen, werden ihm die Urlaubsbescheinigungen in Form eines gefälschten Schriftstückes, welches vom Chef der Spedition unterschrieben ist, ausgehändigt. Die Tachoscheiben oder auch Schaublätter genannt, verschwinden in einer Schublade des Büros. Bei einer eventuellen Polizeikontrolle sagt der Fahrer, dass er bis Donnerstagnachmittag Urlaub gehabt hätte.

Grundsätzlich muss der Fahrer bei Benutzung eines Fahrzeugs mit analogem Kontrollgerät (im Gegensatz zum digitalen Tacho) die Schaublätter für die laufenden 4 Wochen mitführen. Er muss auf Verlangen auch die Fahrerkarte (für den digitalen Tacho) vorlegen. Bei Benutzung eines Fahrzeuges mit digitalem Kontrollgerät muss der Fahrer immer auch die Fahrerkarte vorlegen können, welche selbstverständlich während der Fahrt im digitalen Tacho steckt. Sämtliche Aktivitäten werden auf diesem digitalen Chip aufgezeichnet.

Ein weiteres kriminelles Kapitel ist das Thema Manipulation des Fahrtenschreibers. Es gibt tausend verschiedene Tricks, die zurückgelegten Kilometer oder die tatsächlich gefahrene Geschwindigkeit nicht korrekt auf dem Tachograph, bzw. auf dem Schaublatt zu registrieren. Besonders waghalsige Fernfahrer fahren nachts ihre 4 oder 6 Stunden, ohne dass diese Arbeitszeit auf dem Schaublatt (Tachoscheibe) verzeichnet ist. Ganz im Gegenteil. Die Kilometer sind nirgendwo registriert und auch nicht aufgezeichnet. Am Morgen um 6 Uhr wird ein kleines Hebelchen wieder umgeschaltet … und der Trucker hat seine regulären 10 Stunden Pause schon hinter sich. In einigen westeuropäischen Ländern wird solch eine Straftat mit bis zu 15.000.- Euro Bußgeld geahndet. Außerdem wird der LKW beschlagnahmt. Ist ein Unfall mit im Spiel, gibt es Haftstrafen! Der Fahrtenschreiber ist ein amtliches Kontrollgerät, das zur Regelung der Arbeitszeiten verwendet wird. Da die meisten Trucker und auch die Spediteure von sich aus nicht in der Lage sind, zwischen Arbeitszeit und Schlaf- bzw. Ruhezeit zu unterscheiden, müssen diese Kontrollgeräte leider eingesetzt werden. Eine Horde von hirnlosen und wild gewordenen Ochsen verdient es anscheinend nicht anders, als vom Staat an die Kette gelegt zu werden. Traurig … aber wahr!

Seit der Einführung des digitalen Tachos wird es aber immer schwieriger Manipulationen durchzuführen. Mit den Tachoscheiben war das alles viel einfacher. Es gibt jedoch anscheinend immer noch eine Menge Möglichkeiten, die digitalen Geräte zu überlisten. So kann man z.B. mit einem starken Magnetfeld die digitalen Aufzeichnungen löschen bzw. unleserlich machen.

In den meisten Fällen werden bei Be- oder Entladungsvorgängen die Tachographen auf Pause- oder Ruhezeit gestellt. In Wirklichkeit hat der Fahrer gar keine Pause, sondern muss bei den Arbeiten mithelfen oder zu mindest dabei sein, um den Ladevorgang zu kontrollieren. Oftmals ist es noch so, dass die Ladung mit Spanngurten gesichert sein muss. Nach Abschluss all dieser Arbeiten kann der Trucker dann weiterfahren, da er ja eine entsprechende Pause (laut Aufzeichnungen auf dem Schaublatt) vorweisen kann.

Viele Fahrer fahren schon am Sonntag um 22 Uhr wieder los, da das Wochenendfahrverbot um diese Zeit endet. Beginnt für den Fahrer die Arbeits- oder Schichtzeit um 22 Uhr, so müsste er spätestens nach 15 Std. – also um 13 Uhr am Montag – Feierabend machen. In den meisten Fällen haut das aber nicht hin, da er bestimmt noch irgendwo etwas laden muss.

Schwere Verkehrsunfälle

Die Anzahl der Verkehrsunfälle, in welche Lastwagen verwickelt waren, haben in den letzten Jahren wieder zugenommen. Das BAG hat verschiedene statistische Untersuchungen hierzu veröffentlicht, welche belegen, dass die ohnehin schon viel zu lange Arbeitszeiten für die Trucker trotzdem immer wieder überschritten werden. Pro Jahr gibt es in Deutschland ca. 6000 Tote und ca. 450.000 Verletzte bei Verkehrsunfällen. Europaweit belaufen sich die Verkehrstoten auf 40.000 pro Jahr.

Die häufigsten Unfallursachen werden nach
Untersuchungen des Statistischen Bundesamtes
wie folgt angezeigt:
- Überhöhte Geschwindigkeit als Unfallursache
  Nummer 1
- Missachtung der Vorfahrt
- zu geringer Sicherheitsabstand (insbesondere
  bei LKWs)

Die Dienstleistungsgewerkschaft Verdi fordert
seit langem aufgrund der großen Zahl von
Unfällen auf den Autobahnen eine EU-weite
Senkung der täglichen Lenkzeiten. Die Trucker
sollten nicht mehr als 45 Std. pro Woche lenken.
Übermüdung, Stress und dauerhafte Belastungen
seien für die Fahrer ein hohes Gesundheitsrisiko
und würden somit alle Verkehrsteilnehmer
gefährden. Auch werden kürzere Abstände
zwischen den Pausen und längere Ruhezeiten
insgesamt verlangt. Strafen sollten – wie in
Frankreich z.B. – mit Geldbussen bis zu 30.000.-
Euro geahndet werden. Darüber hinaus sollten die
Firmen für ihre Fahrer haften.

Staatliche Eingriffe und Subventionierung dringend erforderlich

Normalerweise mischt sich der Staat in unglaublich viele Dinge der Menschen ein, dabei vergisst er komischerweise die öffentliche Sicherheit auf unseren Strassen.
Unsere Gesellschaft ist auf den Prinzipien einer sozialen Marktwirtschaft aufgebaut. Der freie Wettbewerb wird gefördert. Das bedeutet, jeder Unternehmer versucht, besser als andere zu sein. Dabei dürfen jedoch die Lebensbedingungen und die Arbeitsplätze nicht gefährdet werden. So sollte es eigentlich sein.

Ein Abteilungsleiter, der die Vergabe von Ladungen an Fremdfirmen unter sich hat, wird natürlich immer wieder versuchen, meist kleinere Firmen, die den Transport letztendlich ausführen, im Preis zu drücken. Er wird das deshalb tun, damit die eigene Firma möglichst viel Gewinn erzielt, und er selbst seinem Chef einen guten Abschluss präsentieren kann. Prinzipiell ist gegen diese altbekannte Wirtschaftspolitik nichts einzuwenden.

Die Auswirkungen der Preiskämpfe und das Lohndumping bei den Trucker Löhnen spiegeln sich jedoch direkt in den öffentlichen Einrichtungen unserer Gesellschaft … auf den Strassen wieder.

Konkurrenzkämpfe einzelner Speditionen, die sich gegenseitig die Aufträge wegnehmen, indem sie noch billiger fahren und dadurch ihre Fahrer kaum noch bezahlen können, dürfen nicht dazu führen, dass unsere Autobahnen zu einem Schlachtfeld konkurrierender Unternehmen werden.

Hier wäre endlich der Staat mal gefordert. Hier müsste er dringend eingreifen. Es geht um die öffentliche Sicherheit aller Autofahrer. Die Polizei oder die BAG sind personell nicht in der Lage, die Sache in den Griff zu bekommen. So viele Kontrollen kann man gar nicht einrichten, um effektiv die Verkehrssituation deutlich zu beruhigen. Außerdem nützen die ganzen Kontrollen recht wenig, wenn die Ursachen des Übels nicht bekämpft werden.

Lange Rede, kurzer Sinn: Es müsste für die Spediteure ein so genannter Minimum Satz gesetzlich festgelegt sein, der die Frachtpreise pro Kilometer regelt. Dieser erforderliche Minimum Frachtpreis muss so hoch sein, dass der Spediteur erfolgreich damit wirtschaften kann, und darüber hinaus die Einhaltung der gesetzlich vorgeschriebenen Lenk- und Ruhezeiten der Fahrer garantiert werden können! Alles andere führt irgendwann zu Firmenpleiten und zu einer gefährlichen und chaotischen Situation auf den öffentlichen Strassen.

Die Revolution … der digitale Fahrtenschreiber

Seit dem Jahr 2006 müssen bei allen neu zugelassenen LKWs die so genannten digitalen Tachographen im Fahrzeug eingebaut sein. Der Fahrer steckt bei Fahrtantritt seine Fahrerkarte, die von den zuständigen Behörden gegen einen saftigen Betrag von über 30 Euro ausgestellt wird, in den hoch modernen digitalen Tacho, welcher fest im Truck installiert ist, hinein.

Die Fahrerkarte sieht aus wie eine EC-Karte, oder wie eine Karte von der AOK. Sämtliche Aktivitäten des Fahrers werden auf der Karte und noch zusätzlich im Tachograph gespeichert. Im Tachograph – oder besser gesagt: einem digitalen Speichermedium – sind alle Daten bis maximal einem Jahr festgehalten. Sämtliche Aktivitäten bezüglich Lenk- und Arbeitszeiten sind bis zu einem Jahr kontrollierbar. Ist ein Jahr vergangen, so überschreibt der Tacho alle Daten, die älter sind als 12 Monate, mit den neuen aktuellen Daten.

Auf der Fahrerkarte werden die Daten nicht so lange festgehalten. Der Unternehmer ist verpflichtet, alle 3 Wochen die Daten mit Hilfe eines speziellen Lesegerätes auf den heimischen Computer im Büro herunter zu laden. Die

Arbeits- und Ruhezeiten der Fahrer müssen archiviert werden.

Die ganze Sache mit dem digitalen Tacho wird dann interessant, wenn der LKW Fahrer in einen schweren Unfall mit Verletzten und Toten verwickelt ist. Wird der digitale Tacho von der Staatsanwaltschaft beschlagnahmt, und es wird festgestellt, dass der Fahrer in den letzten Monaten die Lenkzeit erheblich überschritten hat, so würde ich empfehlen, einen guten Rechtsanwalt aufzusuchen (was vermutlich nichts mehr nützen wird), oder sich gleich einen Strick zu kaufen, um sich aufzuhängen! Tipp: Kaufen Sie sich gleich zwei Stück … noch einen für den Chef!

Der große 3-Fragen Trucker-Test ...

Bist Du ein guter Fahrer? ... Oder solltest Du besser Deinen Führerschein freiwillig abgeben ...

Frage 1: Du fährst auf der Autobahn und kommst an ein großes Autobahnkreuz. Von rechts kommen eine Menge PKWs und LKWs mit hoher Geschwindigkeit angeschossen, um sich dann irgendwie in letzter Sekunde gerade noch einfädeln zu wollen. Auch einige PKWs, die auf der ganz linken Spur fahren (Du fährst auf einer 3-spurigen Autobahn), wollen noch ganz schnell vor Dir herüber nach ganz rechts, weil sie am Kreuz rechts abbiegen wollen. Was machst Du?

Antwort 1: Ich habe das Recht mit voller Geschwindigkeit weiterzufahren, weil diejenigen, die von rechts kommen warten müssen, und die, welche noch schnell vor mir vorbei wollen um dann am Kreuz rechts abzubiegen, sich das vorher überlegen sollten. Gegebenenfalls wechsle ich die Spur und behalte meine Geschwindigkeit voll bei. Bremsen kommt nicht in Frage! (100 Punkte)
Antwort 2: Die Situation ist unübersichtlich, ich gehe vom Gas runter und bremse etwas, falls notwendig. Ich nehme in Kauf, dass die Autos

hinter mir eventuell auch etwas bremsen müssen. (null Punkte)

Frage 2: Du bist nachmittags auf der Autobahn von Hannover über Kassel und Frankfurt nach Freiburg. Heute kannst Du so wie so nicht mehr abladen, weil die Firma ab 18 Uhr geschlossen ist. Du willst möglichst schnell Feierabend machen, um irgendwo vor Freiburg noch einen Parkplatz auf einer Autobahnraststätte zu bekommen. Was machst Du?

Antwort 1: Ich fahre gemütlich mit ausreichendem Sicherheitsabstand hinter einem anderen Truck her. Wenn der LKW vor mir mal vom Gas runter geht, dann mache ich das auch, weil die ganzen Überholmanöver doch nichts bringen. Wenn ich volles Rohr fahre, bin ich vielleicht nur maximal 15 Minuten früher am Ziel. (null Punkte)

Antwort 2: Zeit ist Geld! Ich versuche so schnell wie möglich in die Nähe von Freiburg zu kommen. Falls irgendein Truck vor mir auch nur 1 oder 2 Kilometer pro Stunde langsamer fährt als ich, so versuche ich ihn zu überholen. Ich kämpfe um jeden Meter. Durch viele Überholmanöver spare ich mindestens eine Stunde an Fahrzeit bis zum Ziel Freiburg. Fährt ein Russe oder Pole mit einem Gefahrguttransporter vor mir mit 85

Stundenkilometern viel zu langsam, und es ist auch noch Überholverbot, so checke ich die Situation genau ab, ob Polizei in der Nähe ist. Ist keine Polizei zu sehen, so überhole ich und zeige dem überholten Fahrer den Stinkefinger. (100 Punkte)

Frage 3:
Du kommst mit Deinem LKW nachts um 22 Uhr bei einem Lidl oder Aldi Zentrallager an. Vor Dir sind schon 15 andere LKWs angekommen und die Fahrer schlafen schon alle. Am nächsten Morgen um 7 Uhr öffnet die Warenannahme. Was machst Du?

Antwort 1: Ich stehe möglichst früh auf, um als Erster noch vor den anderen Kollegen, die schon vor mir angekommen sind, die Frachtpapiere abzugeben. Ich stelle mich schon um 6 Uhr 30 wie ein getretener Hund vor die noch verschlossene Tür, um als Erster um 7 Uhr abgefertigt zu werden. Sollte es regnen oder schneien … macht mir nichts aus … ich bin ein harter Typ! Ich will ja schließlich meinem Chef beweisen, dass ich was kann als Fahrer! (null Punkte)

Antwort 2: Ich bin um 22 Uhr angekommen. Um 9 Uhr in der Frühe ist meine 11 Stunden Pause vorbei. Ich schlafe aus, stehe um 8 Uhr auf, koche mir einen Kaffee, gehe zur Toilette und melde mich dann um 9 Uhr bei der Warenannahme an um wenig später meinen LKW an die Rampe fahren zu dürfen. (100 Punkte)

AUFLÖSUNG

Frage 1: 100 Punkte = Du bist nicht nur ein sehr schlechter Fahrer, sondern total unfähig!
        Null Punkte = gut!!

Frage 2: 100 Punkte = Du hast vermutlich Deinen Führerschein bei der Lotterie gewonnen. Gebe ihn bei der Polizei freiwillig ab, bevor sie ihn Dir später so wie so abnehmen werden. Total unfähig!   Null Punkte = gut!!

Frage 3: Null Punkte = Du bist ein armer Trottel, alle sind froh, wenn Du vor der Rente schon stirbst, dann hat der Staat gut verdient an einem arbeitswütigen Trucker!   100 Punkte= gut !!